Johannes Paul I.

Der Papst eines neuen Morgens

Von Andrea Lazzarini

Herder Freiburg · Basel · Wien

Bearbeitung und Gesamtredaktion: Ulrich Schütz

SIEBTE AUFLAGE

Imprimatur. – Freiburg im Breisgau, den 2. November 1978
Der Generalvikar: Dr. Schlund
Herstellung: Freiburger Graphische Betriebe 1979
ISBN 3-451-18369-2

Inhalt

Verzeichnis der Bilder

Seite 137: Als Erzbischof während der Predigt zusammen mit einem Erstkommunionkind. Zu seinem Stil gehörte es, sich während der Predigt mit dem einen oder anderen Kind zu unterhalten; genauso machte er es auch als Papst bei den großen Audienzen. (Foto AFI Venezia.)

Seite 138: Beim Besuch von Papst Paul VI. in Venedig am 16. 9. 1972. Das Foto schenkte er seinem Generalvikar Msgr. Bosa mit der Widmung: „In Erinnerung an einen für Venedig denkwürdigen Tag segne ich von ganzem Herzen meinen Generalvikar." (Foto Sarpi, Milano.)

Seite 139: Beim Venedigbesuch legt Paul VI. dem Patriarchen die päpstliche Stola um. War es eine Anspielung auf die bevorstehende Ernennung zum Kardinal, die am 5. 3. 1973 erfolgte? Am Tag nach seiner Wahl sagte Johannes Paul I. zu den Menschen auf dem Petersplatz: „Papst Paul hat mich nicht nur zum Kardinal gemacht, sondern mich vor über zwanzigtausend Leuten über und über rot werden lassen, als er sich seine Stola abnahm und sie mir auf die Schultern legte. Ich bin noch nie so rot geworden."

Seite 140: Beim Gottesdienst zum Amtsantritt am 3. 9. 1978 auf dem Petersplatz nach dem Anlegen des Palliums. Erstmals verzichtet der neugewählte Papst Johannes Paul I. auf die seit Jahrhunderten übliche Krönung mit der Tiara. (Foto Agentur Hecht, München.)

Seite 189: Der „Papst des Lächelns", wie ihn die Italiener bald nannten, bei einer allgemeinen Audienz. So bleibt Johannes Paul I. den Menschen in und außerhalb der Kirche in Erinnerung: als ein Papst, der mit seinem ganzen Wesen die Freude des Evangeliums ausstrahlte. (Foto Gamma, Paris.)

Seite 190 oben: Im Gespräch mit dem Wiener Kardinal Franz König. Bei der Audienz für das Kardinalskollegium am 30. 8. 1978. (Foto KNA Bild, Frankfurt a. M.)

Seite 190 unten: Mit dem Münchner Kardinal Joseph Ratzinger. Bei der Huldigung der Kardinäle während der Messe zum Amtsantritt am 3. 9. 1978. (Foto KNA Bild, Frankfurt a. M.)

Seite 191: Nach der Messe zum Amtsantritt am 3. 9. 1978 zusammen mit den Kardinälen Pericle Felici (ganz rechts), Joseph Höffner aus Köln (Mitte), Paul Zoungrana aus Obervolta (Mitte vorn) und Karol Wojtyła aus Krakau (links), der sein Nachfolger als Johannes Paul II. werden sollte. (L'Osservatore Romano, Master Photo, Roma.)

Seite 192: Requiem für den toten Papst Johannes Paul I. am 4. 10. 1978 auf dem Petersplatz. Der schlichte Sarg wird anschließend in den Grotten von Sankt Peter beigesetzt in unmittelbarer Nähe von den Gräbern seiner beiden Vorgänger Johannes XXIII. und Paul VI. (Foto Gamma, Paris.)

Einleitung

„Der Welt gezeigt, nicht geschenkt“

Der Name war wie ein Vorzeichen. In „Albino Luciani“ klingt die „Morgenröte“ (alba) und das „Licht“ (luce) an. Viele empfanden Papst Johannes Paul I., der soviel Menschlichkeit und Freude ausstrahlte, als den Beginn eines neuen Morgens. Er war die große Überraschung. Sie begann mit einem „Blitzkonklave“, einem der kürzesten der Papstgeschichte überhaupt. Sie setzte sich fort in den Begegnungen mit den Menschen, in seinem schlichten Auftreten, seinem einfachen Wort, seinem herzlich lächelnden Gesicht. Und sie war nicht zu Ende mit seinem unfaßbar plötzlichen, einsamen Tod, so als ob er niemanden hätte stören wollen.

Mit den Schlagzeilen, die einen Augenblick lang die Welt in Atem hielten, ist die Überraschung, die Papst Johannes Paul I. war, nicht zu Ende. Wer den Weg seines Lebens näher betrachtet und sich die Lektion, die er in seiner klugen, heiteren und frommen Art gab, zu Herzen nimmt, wird tiefere Überraschungen erleben. Er wird an das Wort Jesu erinnert, das dieser über einen anderen Johannes sagte: jener war wie eine Lampe, die brennt und leuchtet, und an dessen Licht man sich für eine kurze Zeit erfreuen durfte (vgl. Joh 5,35).

Johannes Paul I. liebte es, Situationen der Gegenwart durch Vergleiche aus der Geschichte zu illustrieren. Etwas Ähnliches legt sich der kurzen Zeit seines Pontifikats gegenüber nahe. Es war die Zeit der schweren Erschütterungen in der ersten Hälfte des 16. Jahrhunderts. Alle sprachen von der Erneuerung der Kirche an Haupt und Gliedern, aber geschehen war von seiten des Hauptes wenig, bis um die Jahrhundertmitte endlich der Durchbruch auch in Rom gelang, als die Kardinäle nach nur viertägigem Konklave 1555 Marcellus II. wählten; er war „der erste Papst der katholischen Reform" (H. Jedin). Ein christlicher Humanist, zugleich von größter Demut und Einfachheit, der als erstes den bei der Papstkrönung üblichen Prunk (mit Feuerwerk und Kanonendonner) abschaffte, der „sich stets zu Fuß nach St. Peter und in die Palastkapelle begab" (L. von Pastor). Die Last der Verantwortung lag schwer auf ihm; von einem Schwächeanfall, nach dem er ruhig zu schlafen schien, erholte er sich nicht mehr und starb nur 22 Tage nach seiner Wahl. Die Bestürzung der Zeitgenossen faßte der gelehrte Panvinio – anspielend auf Verse Vergils über einen anderen Marcellus, den Neffen des Augustus, den dieser zu seinem Nachfolger bestimmt hatte und der mit neunzehn Jahren plötzlich gestorben war (Aeneis VI, 868 ff.) – in dem Wort zusammen: „Der Welt gezeigt, nicht geschenkt".

Die folgenden Kapitel versuchen, die unauslöschliche Spur des Lebens von Papst Johannes Paul I. in Erinnerung zu halten. Besonderer Wert ist darauf gelegt, ihn selbst ausgiebig und auch aus kaum bekannten Quellen zu Wort kommen zu lassen; so darf in gewisser Weise er selbst als der eigentliche Autor dieses Buches angesehen werden. Bei der Auswahl der Texte waren weniger Gesichtspunkte einer kritisch dokumentierten Biographie maßgebend, die von der Natur der Sache her ohnehin noch nicht möglich ist, sondern vielmehr die Kraft der anschaulichen Aussage über seine Persönlichkeit und nicht zuletzt der Zuspruch, den der Leser von diesem großen Seelsorger für sein eigenes Leben gewinnen kann. Bei der Beschaffung von Informationen, Quellentexten und Bildmaterial sowie bei der Vorbereitung dieser Veröffentlichung waren viele in liebenswürdiger Weise behilflich, denen allen hier herzlich gedankt sei.

Erstes Kapitel

Aus einer armen Familie

Canale d'Agordo: Man muß schon eine sehr große Karte von Oberitalien zur Hand nehmen, um diesen kleinen Ort – ziemlich genau in der Mitte zwischen Innsbruck und Venedig – zu finden. Alle Welt kennt die Dolomiten, dieses unvergleichliche Kleinod in der langen Kette der Alpen; sie liegen ganz in der Nähe. Um nach Agordo zu gelangen, dem größeren, aber tiefer gelegenen Bruder von Canale d'Agordo, das fast 1000 m Höhe erreicht, kann man von Brixen südlich über den Sella- und den Giau-Paß, an der Marmolata und Civetta vorbei, ins Cordevole-Tal hinunterfahren, in dem Agordo liegt. Der Weg von Osten her führt von dem nicht zuletzt durch den Wintersport berühmten Cortina d'Ampezzo nach Pieve di Cadore im oberen Piave-Tal und von dort in südwestlicher Richtung über Forno di Zoldo ins parallele Tal des Cordevole.

Von Agordo aus sind es bis Belluno 30 km, bis Vittorio Veneto 60 km und bis Venedig 130 km – für einen Autofahrer eine glatte Strecke und eine Angelegenheit von zwei, drei Stunden. Diese Ortsnamen markieren zugleich entscheidende Stationen auf dem langen Weg eines Lebens, das von einem kleinen Alpendorf zum höchsten und zugleich schwersten

Amt der Kirche führte. Canale d'Agordo, ein Gebirgsdorf mit siebenhundert Seelen, das den Sommer über auf die doppelte Zahl anwächst, hieß bis vor wenigen Jahren Forno di Canale. Hier wurde Papst Johannes Paul I. am 17. Oktober 1912 geboren, hier verbrachte er seine Kindheit, hier ist seine Heimat.

Schicksale eines kleinen Ortes

Heute lebt Agordo von dem Reichtum seiner Landschaft. Den Menschen, die aus den grauen Großstadtwüsten hierhin kommen, bietet sie in verschwenderischer Fülle das erquickende Grün der Weiden und Wälder. Wer sich aus der hektischen Arbeitswelt hierhin flüchtet, findet in der lieblichen Stille des Tales und in der erhabenen Freiheit der Berge neue Lebenskraft. Aber es ist noch nicht lange her, daß der Tourismus diesen Reichtum entdeckt hat. Ein armer Boden bringt keine reichen Bauern hervor. In 1000 m Höhe finden sich neben ein paar kärglichen Äckern nur Weide für das Vieh und Wiesen, denen in mühseliger Arbeit das Heu für die langen Wintermonate abgerungen werden muß.

Die Zeiten, da die Gegend von einem anderen Reichtum leben konnte und es zu einer gewissen Bedeutung im politischen Spiel der größeren Städte, des nahen Belluno und des fernen, machtvoll glänzenden Venedig, brachte, sind längst vergangen. Der alte Ortsname Forno di Canale (ähnlich wie das schon erwähnte benachbarte Forno di Zoldo) birgt noch eine Erinnerung daran. „Forno" heißt Ofen, Schmelzofen.

Hier wurden im Mittelalter und noch bis ins 19. Jahrhundert Kupfer- und Eisenerze verhüttet: Reichtum aus der Tiefe des Bodens.

So nimmt es nicht wunder, daß im Mittelalter eine begehrliche Herrschaft wie das mächtige Belluno, das am Ausgang der Alpentäler den Handel kontrollierte, zuerst ein Auge darauf warf und schließlich seine Hand darauf legte. Ganz gleichschalten ließen sich die auf ihre Freiheit dennoch bedachten Agordiner nicht, sie setzen eine Beteiligung an der bellunesischen Regierung durch und vertraten in dem großen Streit, der das spätmittelalterliche Italien aufwühlte, die andere, guelfische, das heißt ursprünglich welfische, antikaiserliche, päpstliche Partei im Gegensatz zum ghibellinischen Belluno. Als schließlich der Lagunenstaat Venedig seine Herrschaft auch auf dem Festland gegen die östlichen Signorien immer stärker durchsetzen konnte, kam auch das obere Piave-Becken mit dem Agordino und Cadore unter die Oberhoheit der „Serenissima" und teilte fortan deren Schicksale.

Die Bedeutung der Erzminen freilich blieb vorübergehend und ihr Reichtum ein vergänglicher, denn ein Großteil der Bergwerke wurde durch Überschwemmungskatastrophen in der Mitte des 18. Jahrhunderts zerstört. Und als Napoleon die Republik Venedig an das österreichische Kaiserreich (1797 im Frieden von Campoformio) verkaufte, lohnte es sich nicht mehr, die Minen des Veneto abzubauen; sie hielten mit denen Böhmens und der Steiermark keinen Vergleich aus. Die letzten Schmelzöfen erloschen, und das Land wurde arm.

Streifzüge in die Familiengeschichte

Die Luciani sind eine alte Familie aus Venedig, die sich im Laufe der Jahrhunderte so verästelte, daß sich die Verbindungen zwischen den ersten Wurzeln und den letzten Zweigen in der Dunkelheit der Geschichte verlieren. Oder doch nicht ganz. So weiß man von einem wohlhabenden Bürger des blühenden Venedig des 15. Jahrhunderts, Luciano Luciani, dessen Sohn zu den großen Sternen der italienischen Renaissancemalerei gehört: Sebastiano mit dem Beinamen del Piombo.

Die venezianischen Chronisten berichten, Sebastiano Luciani sei ein Mann „heiteren Gemüts“ gewesen, „angenehm im Gespräch, sehr beliebt bei den angesehenen venezianischen Patrizierfamilien“. Zunächst geprägt von den großen Vertretern der venezianischen Malerei zu Anfang des 16. Jahrhunderts, wie Bellini und Giorgione, begleitete er 1511 den steinreichen Bankier Agostino Chigi nach Rom, um in dessen Villa Farnesina zusammen mit Raffael Fresken zu malen. Nach wenigen Jahren zerbrach die Freundschaft mit dem Urbinaten, und Sebastiano wurde der Vertraute Michelangelos. Seine Porträts (unter anderem von dem Medici-Papst Clemens VII.) gehören zu den großartigsten der Renaissance. Die enge Verbindung dieses Luciani zum Papst kam auch darin zum Ausdruck, daß er 1531 das Amt eines päpstlichen Siegelbewahrers erhielt; von dem Bleisiegel (piombo) der päpstlichen Bullen stammt sein Beiname.

Der venezianische Zweig der Familie Luciani brachte zu Beginn des 19. Jahrhunderts einen Prälaten hervor, Luciano Luciani, dem als Generalvikar eine leitende Aufgabe im Patriarchat oblag. Ein anderer Zweig der Familie zog aufs „Festland" (wie die Venezianer sagen) und ließ sich in der Gegend von Treviso nieder. Wieder ein anderer ging nach Montegranaro im Piceno; 1836 bekam er von Papst Gregor XVI., der aus Belluno stammte, einen besonderen Titel, indem seinem Namen der Familiennamen eines Dogengeschlechts, Ranier, beigefügt wurde. Auf dieses Geschlecht führt sich das Wappen der Luciani zurück (geteiltes Wappenschild: im ersten Feld Blau mit drei Silbersternen; im zweiten Gold mit drei Bergen in Grün, überragt von einem offenen Turm mit Zinnen). Für die kurze Zeit seines Pontifikats verwendete der Luciani-Papst ein Wappen, das den Wappenlöwen seiner bisherigen Bischofstadt Venedig in das Familienwappen einfügte. Der Markuslöwe „in natürlicher Farbe" verweist also auf Venedig, die drei goldenen fünfgezackten Sterne auf den Namen Luciani, in dem das Wort „Licht" steckt (lateinisch „lux", italienisch „luce"), und der sechsgipflige silberne Berg auf die Alpenheimat Papst Johannes Pauls I.

Ein Zweig der Luciani wurde im Cordevole-Tal ansässig, wahrscheinlich schon im 16. Jahrhundert, als Venedig den Eisenerzabbau förderte, weil es Kanonen für seine Schiffe brauchte. Diese Luciani waren Handwerker und niemals Bauern. Es gibt so etwas wie einen zählebigen Mythos vom „venetischen" Bauern, der sich schon des Vaters Pius' X. bemächtigt hatte, obgleich er wie seine Vorfahren seit Generationen Schneider war und also „Sarto" nicht nur hieß, sondern auch war.

Vater und Mutter

Giovanni Luciani, der Vater Papst Johannes Pauls I., teilte das Schicksal vieler junger Leute in den südlichen italienischen Alpendörfern, denen die Heimat nicht genügend Verdienstmöglichkeiten bieten konnte. Sie mußten sich im Ausland Arbeit suchen und verließen ihre Dörfer entweder für immer oder saisonweise, um vor allem in den Sommermonaten, wenn auf den Feldern und Wiesen jede Hand gebraucht wurde, zurückzukehren. Das Gastarbeiterproblem hat also schon eine lange Geschichte, und gerade im Veneto, wo die Zahl der abwandernden oder auswandernden Arbeiter schon seit hundert Jahren zum Teil ganz erheblich über den Durchschnittszahlen des übrigen Italien liegt.

Edoardo, der jüngste Bruder des Papstes, heute pensionierter Dorfschullehrer, erinnert sich: „Mein Vater begann schon sehr früh ins Ausland zu gehen. 1883, mit elf Jahren, kam er nach Innsbruck, um Maurer zu lernen. Drei oder vier Jahre blieb er dort, dann suchte er neue Arbeit, mal hier, mal dort, im Badischen, in Westfalen, in der Schweiz. Ein Bruder meiner Mutter ging sogar nach Argentinien, dem ‚zweiten Italien'. Das war 1911, in dem Jahr, als mein Vater zum zweiten Male heiratete; kurz vor dem Ersten Weltkrieg kehrte er wieder. Nach Kriegsende zog mein Vater nochmals los, nach Frankreich, um dort – wiederum als Maurer – beim Wiederaufbau von Dörfern mitzuarbeiten, die während des Kriegs zerstört worden waren. Dann gelang es ihm, in Murano eine Dauerstellung als Glasbläser zu bekommen."

So hieß es für Giovanni über Jahre, ja Jahrzehnte hindurch immer wieder aus der Heimat aufzubrechen, um in der Fremde Geld zu verdienen und die Familie ernähren zu können. Er hatte in seinem Geburtsdorf geheiratet, zwei Töchter kamen, Pia und Amelia. Da starb die Mutter. Der junge Witwer, der nun mit den beiden Kleinen allein dastand, lernte ein Mädchen seiner Heimat kennen, die seine neue Frau und seinen Kindern eine neue Mutter werden sollte: Bortola Tancon.

Auch Bortola hatte in jungen Jahren Familie und Heimat verlassen müssen. Drei Jahre verbrachte sie in St. Gallen in der Schweiz, um sich als Arbeiterin in der Manufaktur der berühmten St. Gallener Spitzen ihren Lebensunterhalt zu verdienen. Dann entschloß sie sich, um jeden Preis nach Hause zurückzukehren, wenn sie nur wieder unter ihren Landsleuten leben könnte. Sie ging nach Venedig und wurde Dienstmädchen im Bürgerspital; dieses Krankenhaus war während der Aufklärungszeit in dem prachtvollen Riesenbau der Scuola Grande von San Marco eingerichtet worden, nachdem man zuvor die Gemälde von Carpaccio, Bellini und Tintoretto daraus entfernt hatte.

Dem tieffühlenden Mädchen sprach alles von Schmerz, selbst das Wasser der Kanäle und die Mauern der nahen Gassen: Bettlerkanal (Rio dei mendicanti), Liebfrauen von den Verlassenen (S. Maria dei Derelitti), Sankt Lazarus von den Bettelmönchen (S. Lazzaro dei mendicanti). Elf Jahre lebte sie hier, und man kann sich gut vorstellen, wie sie manchen Abend nach Arbeitsschluß das Krankenhaus in Richtung jenes Platzes verließ, an dem die große Kirche der heiligen Johannes und Paul liegt – für einen Venezianer ist die Verbindung „Johannes Paul" ganz geläufig; im Volksmund heißt die Kirche „San Zanipolo" –, um hier zu beten.

Nach diesen langen Jahren in Venedig kehrte sie nach Forno di Canale zurück und heiratete Giovanni Luciani. Zu den beiden Kindern aus der ersten Ehe ihres Mannes kamen vier eigene: 1912 Albino, 1915 Federico (der noch im Kindesalter starb), 1917 Edoardo und zuletzt Antonia. Von den beiden älteren Mädchen Pia und Amelia wurde eine Ordensschwester in dem „Kleinen Haus der göttlichen Vorsehung", das der (1934 heiliggesprochene) Turiner Kanoniker Cottolengo 1828 für notleidende Kranke gegründet hatte; heute heißt der große Komplex des Krankenhauses in Turin mit verschiedenen zugehörigen Instituten und Ausbildungsstätten nur „il Cottolengo". Hier starb sie vor einigen Jahren, während die andere ältere Schwester schon kurz nach Ende des letzten Krieges verstorben ist. Edoardo wurde Volksschullehrer. Zu den vielen Kindern in der Schule kamen elf eigene hinzu (die große Familie muß für den „Onkel Patriarch" eine große Freude gewesen sein, wie das Familienfoto mit ihm erahnen läßt); er war auch Bürgermeister in seinem Ort und eine Zeitlang Präsident der Handelskammer von Belluno. Antonia heiratete einen Maurer und lebt heute mit Kindern und Enkeln in Santa Giuliana di Levico unweit von Trient.

In dem Namen des ältesten Sohnes, des am 17. Oktober 1912 geborenen Albino, liegt ein Stück Erinnerung an das Gastarbeiterleben, das zum Schicksal so vieler Italiener wurde. Der Vater nannte so sein erstes

Kind aus zweiter Ehe zum Andenken an einen Freund, der als Gastarbeiter in Belgien gestorben war. Seiner Wortbedeutung nach hängt „Albino" im Italienischen nicht nur mit „albo – weiß" zusammen, sondern auch mit „alba – Sonnenaufgang". Als sich der Patriarch Luciani auf den Weg zum Konklave nach dem Tod Pauls VI. machte, verabschiedete er sich in aller Herrgottsfrühe von seinen engsten Mitarbeitern, dem Generalvikar, dem Kanzler, dem Privatsekretär. Der Kanzler des Patriarchats erinnert sich: „Es war um sechs Uhr in der Frühe, ein wunderbarer Morgen mit einer strahlend aufgehenden Sonne. Ich erinnerte ihn, daß er ausgerechnet Albino heiße, und rief, auf diesen Namen anspielend: Eminenz, schauen Sie, mit welch herrlichem Sonnenaufgang Venedig Sie grüßt. Es scheint wie ein Abschied: der Abschied von einem Patriarchen und ein Gruß an den neuen Papst."

Zweites Kapitel

Jahre der Kindheit und Weg zum Priestertum

Kaum hatte der kleine Albino begonnen, die ersten Schritte durch das zweistöckige, grau getünchte Haus des Vaters zu tun und sich im engen Umkreis des heimatlichen Gebirgsdorfes umzusehen, als aus der großen Welt von Ferne her unheilvolles Gewitter mit Donner und tödlichen Blitzen näherrückte: der Krieg.

Im Schatten des Krieges

Nachdem im Oktober 1917 die österreichisch-ungarischen Truppen die jahrelang heiß umkämpfte Isonzo-Linie durchbrechen konnten, räumten die italienischen Armeen das Gebiet am Oberlauf des Piave, das Cadore, und zogen sich in Stellungen am unteren Piave zurück. Vergeblich versuchten die Österreicher ein Jahr lang in diese 200 km lange Front eine Bresche zu schlagen, um so das venezianische Tiefland in die Hand zu bekommen. Dann erfolgte die Gegenoffensive, und es kam vom 24. Oktober bis 3. November 1918 zur letzten Schlacht des Krieges, die den Untergang des damaligen Österreich bezeichnete. Unter dem Namen der in der Nähe gelegenen Stadt Vittorio Veneto ging sie in die Geschichte ein.

So waren über endlose Monate hinweg auch das Agordino und Cadore Frontgebiet. In den Berichten der Oberkommandos mag von heldenhaften Kämpfen, ruhmreichen Schlachten, strategischen Rückzügen die Rede sein, und die militärwissenschaftlichen Analysen mögen das Besondere der alpinen Kriegsschauplätze mit den vielen kleinen Gefechten von lediglich lokaltaktischer Bedeutung untersuchen – Kinder und Mütter erleben den Krieg anders. Manche Namen von Gebirgstälern, Ortschaften, Bergpässen, Höhen, die bisher als das gemeinsame Erbe der Bergbewohner so freundlich vertraut geklungen hatten, hörte man jetzt von den Lippen der Leute mit ganz anderer Stimme aussprechen als früher – halblaut, wie die von sterbenden Angehörigen. In den Familien fehlten die Männer des besten Alters; dafür hatte sich in den Wohnstuben die Angst eingenistet, ob nicht draußen Schritte zu hören wären, ob nicht angeklopft würde und ein alter Carabiniere schweigend aus seiner Tasche die Nachricht über den abwesenden Sohn oder Bruder oder Vater zöge: tot.

Eines Tages rückten österreichische Kaiserjäger in den Bergen herunter in das Tal ein, die „Todeschi", mit welcher Bezeichnung im Dialekt alle die zusammengeworfen wurden, die jenseits der Alpenpässe lebten, auch sie Söhne der Alpen, vom gleichen Menschenschlag und von der gleichen Liebe zu ihrer Heimat beseelt. Als der Krieg zu Ende ging, begruben die Menschen von hüben und drüben mit ihren Toten auch ihre Feindschaft und kamen überein, jedes Jahr an einem Sonntag die wiedergefundene Brüderlichkeit zu feiern. Dabei galt es dann, große Mengen italienischen Weins zu trinken und nicht minder große Mengen österreichischer Wurst zu verzehren – natürlich nach einer Messe im Freien auf der blühenden Wiese.

Erfahrungen des Kindes

Die Armut blieb Dauergast im Haus der Luciani; zu ihr gesellten sich als Untermieter Hunger und Krankheit. Im Alter von zwei oder drei Jahren bekam Albino eine Bronchiallungenentzündung, die offenbar nicht völlig ausheilte; jedenfalls mußte er Jahre später als Seminarist eine Lungeninfektion – Spätfolge der Krankheit als Kleinkind – in einem Sanatorium auskurieren.

Von den harten Zeiten der Kindheit erzählt sein Bruder Edoardo: „Als Albino fünf Jahre alt war (also in der schlimmsten Kriegszeit), wußte er leider schon, was Hunger ist. Unsere Mutter hat oft erzählt, wie weh es ihr getan hat, wenn der Kleine sie nach Brot fragte und wieder einmal keins im Hause war. Unsere Familie zählte zu den ärmsten im Dorf. Von Mai bis Oktober liefen wir Kinder barfuß, um Schuhe zu sparen. Für den Winter hatten wir Holzpantinen. Auch durch Kühehüten haben mein Bruder und ich uns ein Zubrot verdient."

Selbstverständlich gab es in Forno di Canale eine Dorfschule, und selbstverständlich besuchte sie Albino wie alle anderen Kinder. Das hat er nicht vergessen, wenn er später schreibt: „Ich sehe mich wieder als Kind auf den Bänken meiner Schule von Canale, mit den Gefühlen, von denen Goldsmith in ‚Das verödete Dorf' spricht: staunend, den Mund aufgesperrt, vor dem Lehrer, und alle fragen sich, wie das nur möglich sei, daß aus so kleinen Zeilen so große, wunderbare Dinge hervorgehen können."

Es nimmt auch nicht weiter wunder, daß der kleine Schüler „Die Abenteuer des Pinocchio" liest, die Geschichte vom hölzernen Bengele, die von überraschenden Einfällen, märchenhaften Verwandlungen, fabelhaften Tieren, Humor, Spott und Lebensweisheit nur so übersprudelt – eines der wenigen Meisterwerke der Kinder-Weltliteratur, die von Kindern auch wirklich gelesen und geliebt werden. Schon eher kann es verwundern, daß sich einer im gereiften Alter – und als Patriarch von Venedig – dankbar des Pinocchio erinnert und ihm einen „Brief" schreibt: „Ich war sieben, als ich zum ersten Mal Deine ‚Abenteuer' las. Ich kann Dir gar nicht sagen, wie sehr sie mir gefielen und wie oft ich sie verschlungen habe. In Dir als Kind erkannte ich mich selbst, in Deiner Lebenswelt meine eigene. Wir oft ranntest Du mitten in den Wald, durch die Felder, an den Strand, auf die Straßen. Und mit Dir liefen der Fuchs und die Katze, der Hund Bollo, die Buben, die Dir eine Schlacht mit ihren Schulbüchern lieferten. Mir kam es vor, als würde ich rennen, als wären es meine Kameraden, die Straßen und Felder meines Landes. Auch ich wurde auf dem Schulweg in ‚Schlachten' verwickelt; im Winter flogen Schneebälle, zu allen Jahreszeiten gab es Raufereien. Zum Teil kassierte ich, zum Teil gab ich heraus, wobei ich versuchte, ‚Einnahmen‘ und ‚Ausgaben‘ gleich groß zu halten und zu Hause nicht zu heulen. Sonst, wenn ich was vorgeheult hätte, hätte man mir vielleicht noch ‚den Rest‘ gegeben!“

Der Vater, der immer wieder für viele Monate nach Deutschland oder Frankreich oder in die Schweiz ziehen mußte, um Arbeit zu finden, brachte nicht nur das bitter nötige Geld nach Hause, sondern auch sozialistische Ideen. Um in Deutschland als Gastarbeiter das Brot für die Familie verdienen zu können, wurde er Mitglied der sozialistischen Gewerkschaftsbewegung, die hier anders als im Italien des Risorgimento und der ungelösten „Römischen Frage“ nicht die gleiche scharf antiklerikale Ausrichtung besaß. Das Verhältnis zwischen Kirche und Staat war damals in Italien bis in die Wurzel vergiftet. Es herrschte das Klima eines schwelenden und immer wieder neu geschürten Hasses gegen alles Kirchliche, so daß es nicht überraschend ist, wenn der sozialistisch eingestellte Vater Luciani eine Zeitlang als „Priesterfresser“ gelten konnte. Ausgerechnet er erhält – es war um 1922, und er war wieder einmal für längere Zeit nicht zu Hause, sondern in Frankreich – von der Familie einen Brief mit der Nachricht, daß sein zehnjähriger Sohn Albino ihn um seine Einwilligung bittet, Priester zu werden.

Erster Berufswunsch

Die letzten Gründe, wie ein solcher Wunsch in einem Kind aufkeimt, weiß kein Mensch. Jedenfalls war Albino ein Junge wie jeder andere. In Canale d'Agordo kann man sich noch an gemeinsam verbrachte Kinderjahre erinnern. „Ich war ein paar Jahre älter", erzählt der heute neunundsechzigjährige Del Bon, seines Zeichens Maurer wie der Vater des Papstes, „aber in der Schule bin ich zurückgeblieben, weil ich oft fehlte, um meinem Vater auf dem Feld zu helfen. Wir wurden ganz gute Freunde, obwohl er mich nie seine Hausarbeiten abschreiben ließ. Einmal fragte uns der Lehrer in der Klasse, was wir gerne von Beruf werden möchten. Albino erklärte rundheraus, daß er Priester werden wolle. ‚Was, so ein Bengel wie du? Was für ein Priester sollte wohl aus dir werden!'" Die fünfundsiebzig Jahre alte Romana Fioco will es anders wissen: „Albino war immer ein guter Junge. Im Sommer, wenn er aus der Schule kam, half er der Familie auf dem Felde."

Die Mutter Albinos war eine ebenso tatkräftige wie überzeugend fromme Frau. In den schweren Jahren, da ihr im Krankenhaus in Venedig täglich die Schmerzen und Tränen der Menschen begegneten, ist ihr Glaube in die Tiefe gewachsen. Nicht durch Argumente und Diskussionen, sondern durch die schweigende Überzeugungskraft eines christlichen Lebens führte sie ihren Mann zur Kirche zurück; vielleicht brach in ihm die Einsicht durch, daß Elend und Leiden und die schlimmen Dinge in der Welt ihren verborgenen Wert haben, ja eine explosive Kraft, Seelen zu verwandeln. Die Mutter starb 1948, der Vater vier Jahre später, beide ruhen auf dem kleinen Friedhof ihres Heimatdorfes, „die geliebten Eltern in Erwartung der Auferstehung".

Der Wunsch des zehnjährigen Albino, Priester zu werden, mag auch durch folgendes Erlebnis ausgelöst worden sein. Ein Kapuziner war ins Dorf gekommen und hatte Fastenpredigten gehalten, echte Kapuzinerpredigten, einfach und handfest, herzlich und zündend, daß sich auch noch das widerstrebendste Gewissen ergeben mußte. So ähnlich möchte er auch einmal werden, eröffnete sich der Junge seiner Mutter. Sie besprachen es mit dem Dorfpfarrer, Don Filippo Carli, der den Rat gab, noch ein Jahr zu warten und dann Albino aufs Knabenseminar nach Feltre zu schicken. Auch die Eltern meinten, mit einer so wichtigen Entscheidung müsse man sich Zeit lassen, aber als nach einem Jahr der Wunsch des Jungen sich nicht geändert hatte, stimmte auch der Vater zu.

In Feltre

Mit elf Jahren kommt Albino Luciani nach Feltre. Für den Jungen aus dem ärmlichen Gebirgsdorf öffnet sich eine neue Welt: prächtig bemalte Häuser, mächtige Palazzi, alte Stadtmauern, ein großer Marktplatz mit dem Markuslöwen auf einer Säule, die Kathedrale mit einem spätmittelalterlichen Campanile und nicht weit davon entfernt das Knabenseminar, das ihn nun für Jahre aufnehmen sollte.

Die Einrichtung von Seminarien zur Heranbildung von Weltpriestern geht auf das Konzil von Trient zurück. Das 1563 beschlossene Dekret, das sich trotz aller Schwierigkeiten bei der Durchführung als äußerst folgenreiches Instrument der Kirchenreform erweisen sollte, verpflichtete die Bischöfe, in ihren Diözesen Anstalten zu errichten, in denen die künftigen Priester die auf die Aufgaben der Seelsorge ausgerichtete Ausbildung und Erziehung erhalten sollten. Später erfolgte die Aufteilung in Kleines oder Knabenseminar (für die humanistische Ausbildung) und in Großes oder Priesterseminar (für die philosophisch-theologische Ausbildung).

Der Lebensweg des kleinen Luciani wurde für viele Jahre von der streng geregelten Lebensordnung eines Seminars mit ihrem Rhythmus von Gebet, Unterricht, Erholung geprägt. Nicht die große Kathedrale, sondern das stille Kirchlein Mariä Himmelfahrt versammelte die Zöglinge zu den täglichen Gebetszeiten. Es steht an dem Platz, der nach dem seligen Bernardino Tomitano benannt ist. Dieser Franziskanermönch des 15. Jahrhunderts stammte aus Feltre und war zu seiner Zeit einer der berühmtesten und gesuchtesten Prediger Italiens. Er begnügte sich nicht damit, von der Kanzel gegen ein Krebsübel seiner Zeit, den Wucher, zu wettern, sondern antwortete auf die Ausbeutung der Notleidenden mit der Gründung von Leihanstalten, den sogenannten Montes pietatis, einer sozialen Einrichtung, die sich in Italien, aber auch in Frankreich und Deutschland schnell ausbreitete. Wenn Albino vom Apostolat des seligen Bernardino hörte, wurde er sicherlich an die Geldnöte daheim erinnert und an die Opfer seiner Eltern.

Ein Großteil seines alltäglichen Lebens war von Unterricht und Lernen ausgefüllt. Der Schüler Luciani machte seine Sache gut. Am Ende des fünften Gymnasialjahres zum Beispiel wies sein Zeugnis folgende Noten auf (das italienische Zensurensystem geht von eins bis zehn, welches die beste Note ist): Italienisch, Latein und Griechisch siebeneinhalb; Französisch und Mathematik sieben; Geschichte und Geographie zehn; Religion acht.

Über die ersten Seminarjahre erzählt ein Mitschüler, der später in den italienischen Männerorden der Somasker eintrat, Pater Saba De Rocco; er stammt aus dem gleichen Dorf wie Luciani (dieser holte als Patriarch seinen alten Schulfreund, der weit in der Welt herumkam und neun Jahre lang Generaloberer seines Ordens war, an die Kurie von Venedig): „Don Albino trat zwei Jahre nach mir ins Seminar ein. Obwohl wir verschiedenen Unterricht hatten, hielt uns die gemeinsame Herkunft aus Canale d'Agordo zusammen. Ich habe ihn in Erinnerung als einen sehr lebendigen, hochbegabten Jungen. Was mich am meisten beeindruckte, war seine Fähigkeit, ein Buch nach dem anderen zu lesen und ihren Inhalt mit erstaunlicher Genauigkeit im Gedächtnis zu behalten."

Geliebte Bücher

Schon das Kind Albino war von den Entdeckungen und Abenteuern gepackt, die man durch das Lesen von Büchern erleben kann. Diese Leidenschaft wird ihn nicht mehr loslassen, weder als Schüler und Seminaristen noch als Lehrer und Bischof. Der Weg, den die Bücher ermöglichen, führt ihn aber nicht aus der Wirklichkeit, wie Menschen nun einmal sind und leben, heraus, sondern im Gegenteil näher an die farbige, vielgestaltige, unerschöpfliche Welt des Menschen heran, die in keinem abstrakten Begriff aufgeht und die auch die schöpferischste Phantasie nicht vollends einholen kann. Die Figuren, die die Dichter geschaffen haben, und die Gestalten, die die Geschichte hervorgebracht hat, werden zum Spiegel, der die Wege des Menschen, das Rätsel des eigenen Ichs und das Geheimnis Gottes ein wenig zu verstehen hilft. Die „Briefe", die er später als Patriarch an ebenso berühmte wie verschiedenartige Persönlichkeiten der Vergangenheit schreiben sollte, zeigen eine erstaunliche Breite, wen er alles kennt – dank der Bücher.

Zu „Pinocchio", „Tom Sawyer", „Gulliver" und „David Copperfield" kommen die zweihundertfünfundfünfzig Personen, die Manzonis Roman „Die Verlobten" bevölkern, ein gewaltiges Panorama menschlichen Lebens, eine „Geschichte von armen Leuten", in der die Hochwohlgeborenen keineswegs fehlen, aber nach der wahrer Adel des Menschen darin besteht, sich in den Dienst der Armen zu stellen.

1906 hatte der Italiener Carducci den Literaturnobelpreis erhalten. In einem seiner Werke schildert der Dichter, wie er in einer Kutsche den Chiarone-Fluß entlangfährt, hagere Gäule, trübes Wetter, graues Licht des sinkenden Tags, und wie er dabei ein Buch (des altenglischen Dichters Marlowe) liest, aus dessen Zeilen der eisige Nebel einer grauenvollen Traurigkeit aufsteigt. Schließlich hält er das nicht mehr aus und wirft das Buch in die Fluten des Flusses. Luciani schreibt: „Damals war ich ein Junge. Klar, daß ich mich fragte: Was war denn in jenem Buch wohl so grauenvoll? Aus dem Wasser des Chiarone kann ich es nicht wieder herausfischen. Wer weiß, ob ich es nicht aus der Bibliothek fische? Ich habe es gefunden: ‚Die tragische Geschichte des Doktor Faust'."

Die Schule vermittelte ihm Begegnungen mit der humanistischen Bildung, die nicht abbrechen sollten. Auch wenn die modernen Natur- und Humanwissenschaften einen tiefen Wandel herbeigeführt haben, „bin ich dafür" – schreibt er an Quintilian, den ersten staatlich besoldeten Professor für Rhetorik im Rom des ersten nachchristlichen Jahrhunderts, dessen „Schule der Beredsamkeit" zu einem der großen abendländischen Erziehungsbücher wurde –, „daß von der humanistischen Bildung nicht alles in der Schule wegfällt und daß Eure berühmtesten Grundsätze weiterhin Einfluß auf die Erzieher behalten. Es würde schon der folgende genügen: Non multa, sed multum. Das heißt: In der Schule nicht vielerlei Dinge, sondern gründlich. Don Bosco hat diese Maxime auf seine Weise wieder aufgegriffen, wenn er schrieb: ‚Viel macht, wer wenig macht, aber das macht, was er machen soll; nichts macht, wer viel macht, aber nicht das macht, was er machen soll.'"

Klassiker des Humanismus, wie Petrarca, Enea Silvio Piccolomini, Erasmus oder auch Thomas Morus, wurden ihm vertraute Bekannte und selbstverständlich auch jener als Erzieher wohl Größte des 16. Jahrhunderts in Italien, des Cinquecento, der aus der gleichen Stadt stammte, wo Luciani zur Schule ging: Vittorino da Feltre. Dieser nannte seine Erziehungsstätte „Casa giocosa – Fröhliches Haus", und hierhin kam neben den Schülern aus den reichen Adelsfamilien „noch eine andere Schar, in deren Ausbildung Vittorino vielleicht sein höchstes Lebensziel erkannte: die Armen und Talentvollen, die er in seinem Hause nährte und erzog ‚per l'amore di Dio', neben jenen Vornehmen, welch letztere sich hier gewöhnen mußten, mit dem bloßen Talent unter einem Dache zu wohnen" (Jacob Burckhardt).

„In den Ferien", erzählt sein Bruder Edoardo über Albinos Seminarzeit, „setzte er seine Studien fort, aber er half uns auch bei der Arbeit auf dem Feld. Dabei trug er immer die Soutane, auch wenn er sich den Tragkorb mit Heu auf die Schultern lud." Dem Dorfpfarrer war aber die Bücherliebe des Jungen nicht verborgen geblieben, und so holte er sich ihn heran, um Archiv und Bibliothek der Pfarrei zu ordnen.

Als Luciani seine Studien im Priesterseminar von Belluno fortsetzte, fand er hier eine ausgesucht reichhaltige Bibliothek vor, die seinem Entdeckungsdrang neue Nahrung bot. Das „Gregoriano" geht zurück auf den hochgelehrten Papst Gregor XVI., der aus Belluno stammte und das Seminar in den dreißiger Jahren des 19. Jahrhunderts gegründet hatte; dabei legte er größte Sorgfalt auf die Bibliothek, die mittelalterliche Handschriften und Inkunabeln zu ihren Kostbarkeiten zählt. Kein Zweifel, daß Luciani später als Patriarch nicht nur ein schönes Zitat aus einer Predigt Bernhardins von Siena wiederholt, sondern aus seiner eigenen Erfahrung als Schüler und Student schreibt: „Liebe die Bücher, und du bleibst in Verbindung mit den großen Menschen der Vergangenheit: ‚Du wirst mit den Menschen reden, und sie werden mit dir reden; sie werden dich hören, und du wirst sie hören, und daraus wirst du große Freude schöpfen.'"

Seite 33: Canale d'Agordo heute.
Seite 34 oben: Als Kind im Alter von etwa drei Jahren.
Seite 34 unten: Als Schüler des Knabenseminars von Feltre.

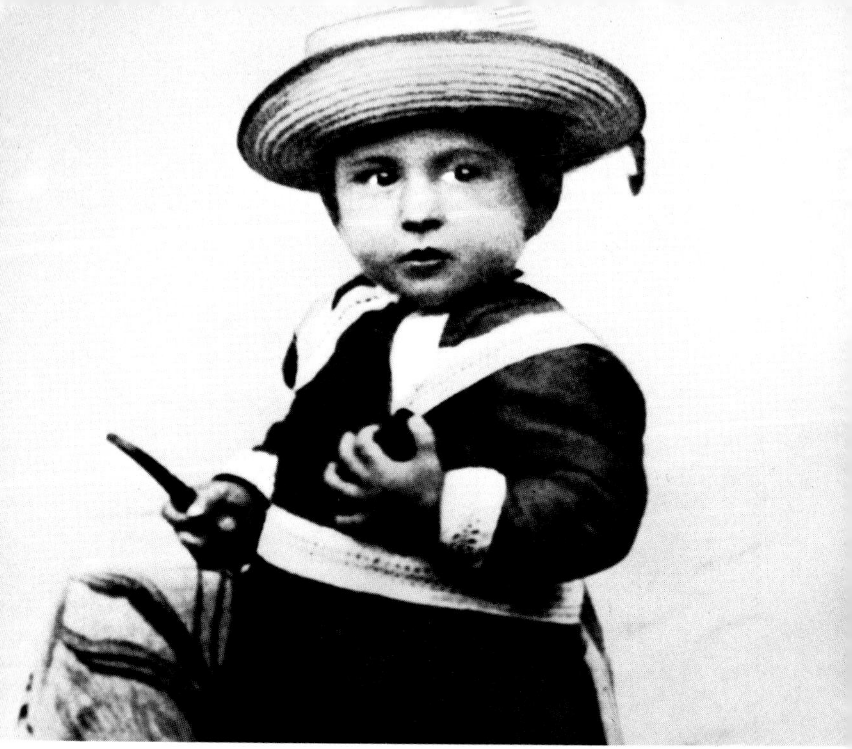

Priesterseminar

Nachdem sich an dem Wunsch des Schülers Luciani, Priester zu werden, nichts geändert hatte, kam er 1928 ins Priesterseminar nach Belluno. Drei Jahre dauerten die humanistisch-philosophischen Studien, vier Jahre das eigentliche theologische Studium. Der Tageslauf sah so aus: 5.30 Aufstehen, 6.00 Betrachtung, 6.30 heilige Messe, 7.30 Frühstück, 8.00–13.00 Vorlesungen, 13.00 Mittagessen, danach Besuchung des Allerheiligsten, 14.00–16.00 Gemeinsamer Spaziergang, 16.00–18.00 Studium, danach Freizeit, 18.30 Rosenkranz, 19.00 Studium, 20.00 Abendessen, danach Freizeit, 21.00 Abendgebet und Nachtruhe.

Dem theologischen Studium wurden u. a. folgende Lehrbücher zugrunde gelegt: Dogmatik Hervé; Moral Pighi, Tumolo Jorio; Kirchenrecht Capello, a Coronata, Cocchi; Kirchengeschichte Todesco; Heilige Schrift Simon Prado; Homiletik Segneri; Liturgik Mioni; Aszetik Tanquerey.

Der Studienabschluß des Seminaristen Luciani bestätigte seine Begabung, die sich schon in Feltre gezeigt hatte; in fast allen Fächern erhielt er neun und neuneinhalb, in Kirchengeschichte zehn, in Liturgik acht (zehn ist die Höchstnote). Seinen Lehrern und seinem Bischof war diese Begabung nicht verborgen geblieben, und es wundert nicht, daß er nach seiner Priesterweihe wieder ins Priesterseminar berufen wurde, diesmal als Lehrer. Alles in allem genommen, ist das Seminar in Belluno der Ort, an dem Luciani die weitaus meisten Jahre seines Lebens verbracht hat.

Seite 35: Als Student des Priesterseminars von Belluno.
Seite 36: Nach der Priesterweihe am 7. 7. 1935, in der Mitte der vorderen Reihe.

Am 7. Juli 1935 wurde Albino Luciani in Belluno zum Priester geweiht, und wie bei jedem Geistlichen gehört nun zu seinen Aufgaben, das Wort des Evangeliums zu verkünden, das Gedächtnis des Herrn in der Messe zu feiern, ihm nachzufolgen, den Menschen zu dienen und in allem Gott zu lieben. Darüber zu schreiben, gesteht er selbst in seinem „Brief" an Jesus, ist schwer: „Du weißt es. Mit Dir in beständigem Gespräch zu bleiben, darum bemühe ich mich. Aber das in einen Brief zu bringen, ist schwierig – so persönliche Dinge, Du verstehst." Und am Schluß dieses Briefes (und des ganzen Buches) heißt es: „Ich habe geschrieben, aber niemals bin ich damit so unzufrieden gewesen wie diesmal. Mir kommt es vor, als hätte ich das meiste ausgelassen, was man von Dir sagen könnte, als wäre ganz schlecht gesagt, was man viel besser sagen müßte. Ein Trost bleibt: Wichtig ist nicht, daß einer über Christus schreibt, sondern daß viele Christus lieben und nachfolgen. Und das kommt zum Glück – trotz allem – noch vor."

Die letzten Worte der Kleinen Theresia heißen: „Mein Gott, ich liebe dich!" Ihre Autobiographie hatte der junge Priester zum ersten Male mit siebzehn Jahren gelesen. Später schreibt er, wiederum in einem „Brief" an die Heilige: „Es war für mich ein Blitzschlag. ‚Geschichte eines Maienblümleins' hatten Sie das genannt. Mir erschien es als die ‚Geschichte einer Stahlfeder' wegen der Willenskraft, des Muts, der Entschiedenheit, die davon ausstrahlten. Nachdem einmal die Straße der vollkommenen Hingabe an Gott gewählt war, konnte Ihnen nichts mehr den Weg versperren: weder Krankheit noch äußere Schwierigkeiten, noch innere Nebel und Finsternisse. Daran erinnerte ich mich, als man mich krank ins Sanatorium brachte; es war in jenen Jahren, als Penizillin und Antibiotika noch nicht erfunden waren und den Patienten früher oder später der Tod erwartete. Ich schämte mich, weil ich ein bißchen Angst hatte: ‚Theresia war dreiundzwanzig, bis dahin gesund und voller Lebenslust', sagte ich mir, ‚und sie wurde von Freude und Hoffnung überströmt, als sie den ersten Bluthusten im Mund spürte ... und du willst anfangen zu zittern? Du bist Priester, sei auf der Hut, stell dich nicht dumm an!"

Drittes Kapitel

Seelsorger, Lehrer, Bischof

Am 7. Juli 1935 wurde Albino Luciani, kaum dreiundzwanzigjährig, in Belluno zum Priester geweiht. Die äußeren Stationen seines priesterlichen Wirkens sind schnell aufgezählt. Für zwei Jahre kam er in die Pfarrseelsorge seiner unmittelbaren Heimat Agordo. 1937 wurde er ins Priesterseminar von Belluno als Lehrer der Theologie zurückgerufen. Der junge Professor studierte nebenbei in Rom weiter und erwarb 1947 den theologischen Doktorgrad. In zunehmendem Maße wurde er von seinem Bischof zu leitenden Aufgaben in der Diözese herangezogen: Sekretär der interdiözesanen Synode von Feltre und Belluno, Direktor des Katechetischen Amtes, Pro-Kanzler, Pro-Vikar, Generalvikar der Diözese Belluno. Am 15. Dezember 1958 erfolgte die Ernennung zum Bischof der Nachbardiözese Vittorio Veneto, am 27. Dezember die Bischofsweihe. Genau elf Jahre wirkte er in Vittorio Veneto, bis er dann am 15. Dezember 1969 ins Patriarchat von Venedig berufen wurde.

„In das Schiff Gottes einsteigen"

Der innere Lebensweg des Priesters Luciani läßt sich nicht so schnell aufzeichnen wie der äußere. Die Vorgänge in den Tiefen der Seele entziehen sich dem neugierigen Zugriff des Außenstehenden. So unbefangen Luciani seine persönliche Erfahrung in Gespräch oder Predigt, in mündlicher oder auch schriftlicher Weise einbringen konnte – bei seiner auf den unmittelbaren menschlichen Kontakt ausgerichteten Art lag ihm das amtlich distanzierte „Wir" ausgesprochen schlecht –, so diskret bleibt er, was die Sphäre der religiösen Intimität angeht. Von ihm gibt es kein „Geistliches Tagebuch", höchstens Hinweise, bei welchen geistlichen Lehrern er in die Schule gegangen ist.

An ihrer Spitze steht der heilige Bischof und Kirchenlehrer Franz von Sales (1567 bis 1622) mit seinem aller asketischen Verstiegenheit abholden Sinn für das menschliche Maß, für die Gelassenheit in Gott, für ein weltoffenes, „humanes" Leben der Frömmigkeit. Unter den Büchern, die sich der neugewählte Papst Johannes Paul I. gleich aus Venedig nach Rom bringen ließ, waren neben den Büchern, aus denen er jahrelang als Professor biblische Theologie, Dogmatik, Moral, Kirchenrecht gelehrt hatte, und dem Studienmaterial des Zweiten Vatikanischen Konzils die Gesammelten Werke des Franz von Sales. Auf der Rückreise von einer Wallfahrt italienischer Gastarbeiter in der Schweiz hat sich Luciani als Patriarch von Venedig den Umweg über Annecy gemacht, wo der Sitz „seines" Bischofs war und das Grab „seines" Heiligen verehrt wird. Franz von Sales wird von ihm sozusagen bei jeder Gelegenheit zitiert. Mit Worten aus der „Einführung in das geistliche Leben" oder dem „Traktat über die Gottesliebe" oder seinen „Ansprachen" ließe sich der ganze priesterliche und bischöfliche Lebensweg Lucianis kommentieren. Hier liegt ein Schlüssel zu seiner geistlichen Persönlichkeit.

Bei Franz von Sales hat er gelesen: „Verbohre dich nicht in Wünsche, die sich auf weit entfernte, erst in später Zeit vielleicht eintreffende Dinge beziehen. Manche Menschen ermüden und zerstreuen ihr Herz ganz unnütz damit und können sich dadurch in große Unruhe stürzen. Wenn einer zu Beginn seiner Karriere dauernd nur von dem hohen Posten träumt, zu dem er aufzusteigen hofft, ich bitte dich, was nützt ihm das jetzt?" Der Weg Lucianis ist nicht von solcher Unruhe, sondern von Unauffälligkeit und Geradlinigkeit geprägt: „Die Einfachheit läuft ihren Werken und Taten nicht nach, sondern vertraut den Erfolg Gott an. Sie schaut nicht lange rechts und links, sondern geht geradeaus ihren Weg."

„Immer und überall muß unser Herz, unser Verstand, unser Wille mit seiner Spitze wie eine Kompaßnadel auf die Gottesliebe gerichtet sein", hatte Franz von Sales gesagt, und sein geistlicher Schüler Luciani schreibt dazu im „Brief" an ihn: „Ihr seid also für den Primat der Gottesliebe. Es geht darum, die Leute gut zu machen? Sollen sie anfangen, Gott zu lieben; ist diese Liebe erst einmal im Herzen entzündet und anerkannt, wird der Rest von selbst kommen... Aber was für Gottesliebe? Da gibt es eine, die aus Gefühlen, frommen Seufzern, süßen Blicken gen Himmel besteht. Da gibt es eine andere: männlich, frei, ein Zwillingsbruder zu jener, die Christus besaß, als er im Garten von Getsemani sagte: ,Nicht mein, sondern dein Wille geschehe.' Dies ist die einzige Gottesliebe, die Ihr empfehlt. Euren Worten gemäß muß einer, der Gott liebt, in das Schiff Gottes einsteigen, fest entschlossen, den Kurs einzuschlagen, der durch seine Gebote angegeben ist, durch die Weisungen dessen, der ihn vertritt, und durch die Situationen und Umstände des Lebens, die von ihm zugelassen werden."

Doktor der Theologie

Seit 1937 unterrichtete der junge Priester Luciani im kleinen Priesterseminar von Belluno dogmatische Theologie, seit 1939 zusätzlich kanonisches Recht (später sollten noch weitere Fächer dazukommen) und übte am Seminar gleichzeitig das Amt des Vizerektors aus. Er war Professor der Theologie, bevor er noch zum Doktor der Theologie promoviert war. Das galt es nun nachzuholen. Im März 1941 wurde er zu weiteren Studien an der Päpstlichen Universität Gregoriana zugelassen mit einer Dispens von der Verpflichtung zur Teilnahme an den Kursen; der Professor in Belluno, der jetzt zugleich Student in Rom war, konnte seinen Unterricht zu Hause nicht einfach ausfallen lassen. Im Oktober 1942 legte er in Rom das Lizentiatsexamen „summa cum laude" ab. Im akademischen Jahr 1942/43 war er zum Doktoratskurs eingeschrieben, aber die Vorbereitungen auf das Examen und die Fertigstellung der Laureatsthese verzögerten sich durch die Wirren der Zeit. In der Woche vor Weihnachten 1946 legte er die vorgeschriebenen fünf Examen für das Doktorat ab (über „De ente et essentia" von Thomas von Aquin bei P. Dellannoye, über „De trinitate" von Augustinus bei P. Boyer, über „Corpus Christi quod est ecclesia" bei P. Tromp, über die Konstitution „De fide" des Ersten Vaticanums bei P. Lennerz, über die paulinische Theologie bei P. Vitti). Im Februar 1947 hielt er die Lectio publica und die Verteidigung seiner bei Professor P. Charles Boyer gemachten Doktoratsthese („magna cum laude"), die 1950 veröffentlicht wurde: „L'origine dell'anima umana secondo A. Rosmini" („Der Ursprung der menschlichen Seele nach A. Rosmini").

Zu der Frage, wie der Ursprung der menschlichen Seele zu denken sei, sind im Laufe der Jahrhunderte verschiedene Lösungsversuche entwickelt worden. Seit Thomas von Aquin setzte sich die (nicht ausdrücklich definierte, aber als theologisch sicher geltende) Lehre durch, daß Gott die Geistseele jedes Menschen unmittelbar erschaffe (Kreatianismus). Daneben gab es immer wieder Versuche, die Seele eines neuen Menschen als durch die Eltern erzeugt zu denken (Generatianismus), sei es in massiv materieller oder in feinerer Form wie etwa: die Eltern zeugen die sensitive Seele, die sich dann stufenweise zur geistigen Seele vervollkommnet. In beiden Formen ist der Generatianismus vom kirchlichen Lehramt verurteilt worden; in der erwähnten zweiten Form durch ein Dekret des Heiligen Offiziums von 1887, in dem vierzig – mehr oder weniger aus dem Zusammenhang gerissene – Sätze des bereits 1855 gestorbenen katholischen Priesters und Denkers Antonio Rosmini-Serbati abgelehnt wurden.

Wer war Rosmini? „Die vielleicht stärkste Persönlichkeit des gesamten italienischen Katholizismus des 19. Jahrhunderts" (G. Martina). Seine Bedeutung läßt sich äußerlich schon daran ablesen, daß seit 1906 eine eigene Rosmini-Zeitschrift und seit 1934 die auf etwa sechzig Bände angelegte Nationalausgabe seiner sämtlichen Werke erscheint. Rosmini wurde 1797 in Rovereto (in der Nähe von Trient) geboren, 1821 zum Priester geweiht; 1828 gründete er eine Ordenskongregation. Mit führenden Persönlichkeiten des geistigen und politischen Lebens seiner Zeit befreundet, entwickelte er ein auf der Ur-Intuition des dem Denken vorgegebenen Seins gründendes, weitausgefächertes philosophisches Denken. Obwohl ein Gegner der Aufklärung und der Französischen Revolution, hatte er ein tiefes Gespür für die wahre Freiheit, die in der Gesellschaft zu verteidigen und zu fördern Aufgabe der Kirche sei; durch innere Erneuerung und Verzicht auf Anlehnung bei der staatlichen Macht solle sie wahrhaft „die Mutter der Freiheit" werden. Seiner Zeit weit voraus, fand er begeisterte Anhänger wie leidenschaftliche Gegner. Pius IX. wollte ihn zum Kardinal erheben, was vermutlich den Beziehungen zwischen Papsttum und dem nationalen Aufbruch Italiens im Risorgimento eine wesentlich andere Richtung gegeben hätte; statt dessen setzte sich Rosminis Gegenspieler, der Kardinalstaatssekretär Antonelli, durch. Die 1832/33 geschriebene, aber erst 1848 veröffentlichte Schrift „Die fünf Wunden der heiligen Kirche" wurde 1849 indiziert; wenn auch eine von Pius IX. veranlaßte Prüfung seiner philosophischen Schriften mit einer Nichtverurteilung endete, war der Autor doch durch die heftige Polemik gegen ihn auf Jahrzehnte hin suspekt gemacht worden, zumal dann über zwanzig Jahre nach seinem Tod doch noch eine Indizierung einzelner Sätze aus seinen Werken zustande gebracht wurde.

Bei der Themenwahl der Doktorarbeit Lucianis dürfte die landsmannschaftliche Nähe zu Rosmini kaum eine Rolle gespielt haben, ja im Hintergrund der Arbeit geht es wohl gar so nicht sehr um Rosmini selbst; die auch als Priester eindrucksvolle Persönlichkeit und die geschichtliche Einbettung seines so umstrittenen und vielfach verkannten Denkens liegen am Rande oder außerhalb des Horizonts dieser Arbeit. Vielmehr stand die katholische, thomistisch geprägte Philosophie, wie sie die Gregoriana vertritt, in Auseinandersetzung mit dem aktualistischen Idealismus G. Gentiles, dessen philosophische Ansätze mit denen Rosminis – ob zu Recht oder Unrecht – in Verbindung gebracht werden konnten. Nachdem Gentiles Werke 1934 indiziert worden waren und auch Rosminis Anschauung über den Ursprung der Seele als kirchlich verurteilt galt, konnte das Ergebnis der Arbeit Lucianis nicht zweifelhaft sein.

Der erste Teil stellt die Auffassung Rosminis über den Ursprung der menschlichen Seele in ihren geschichtlichen und philosophischen Voraussetzungen sowie in ihrer Begründung durch Rosmini dar, der zweite unterzieht seine Argumentation einer kritischen Prüfung in geschichtlicher, naturwissenschaftlicher, theologischer und philosophischer Hinsicht.

Wie diese Prüfung ausfällt, zeigt die abschließende Zusammenfassung des Schlußkapitels: „Was die Originalität angeht, vermögen wir in Rosminis Auffassung nichts anderes zu sehen als die ein wenig modifizierte und ergänzte Theorie von Leibniz über das ideale Sein. Diese Auffassung ist daher für die Theologie heute nicht so sehr wegen des Beitrags von Interesse, den sie zu einer besseren Erkenntnis der geoffenbarten Wahrheit beisteuert, sondern als Versuch eines guten Denkers, der zwar gescheitert ist, aber dennoch durch unzählige Polemiken und Diskussionen zu weiteren Untersuchungen über die Erschaffung der menschlichen Seele angeregt hat."

Leidenschaft für die Katechese

Sosehr der Doktor und Professor der Theologie um die bessere Erkenntnis der Offenbarungswahrheit bemüht war, die Leidenschaft des Seelsorgers und Bischofs ging darauf, daß die Wahrheit des Glaubens besser gelebt wird. „Katechismus" wurde für ihn zum Leitmotiv einer Glaubenspastoral, die auf Unterweisung und lebendigen Vollzug ausgerichtet ist. „Da sind zwei Katecheten: der eine redet und erklärt gut, aber macht die Kinder nicht besser; der andere ist weniger tüchtig, aber bringt es durch sein Beispiel, durch die Überzeugung, die ihn beseelt, durch seine Aufforderung dahin, daß die Kinder in seiner Schule besser werden, Lust bekommen, zur Kirche zu gehen, gerne beten. Der zweite taugt als Katechet viel mehr als der erste. – Da sind zwei Kinder: das eine kann den Text auswendig und versteht ihn, aber sein Leben ist nicht so, wie es der Text lehrt. Das zweite hat nur wenig behalten, aber es bemüht sich, besser zu werden, um das, was es gelernt hat, in die Tat umzusetzen. Dieses hat den Katechismus in Wirklichkeit gelernt." Diese Sätze stehen im allerersten Kapitel des kleinen Buches „Catechetica in briciole", das der Leiter des katechetischen Amtes der Diözese Belluno 1949, Don Albino Luciani, veröffentlicht hat.

„Katechetik in Brosamen" ist nicht selbst ein Katechismus, sondern bietet in einer äußerst einfachen, klaren Form das Wichtigste, was ein Katechet über seine Aufgabe als Katechet zu wissen hat, eine kleine, lehrbuchartige Zusammenfassung dessen, was Luciani in der Katechetenausbildung vermittelt hat. Das Buch ist „dem lieben Andenken der Mutter, meiner ersten Lehrerin des Katechismus", gewidmet (die 1950 erschienene Doktorarbeit trägt eine Widmung an den Vater). Es umfaßt 88 Seiten und behandelt in sechs Kapiteln: 1. Der Katechismus; 2. Der Katechet; 3. Der Katechismus-Schüler; 4. Die Methode; 5. Der Unterricht; 6. Die Organisation. Statt einer weiteren Beschreibung sollen hier einige „Brosamen" aus der „Katechetik in Brosamen" folgen.

„Michelangelo wurde gefragt: ‚Wie macht Ihr das, so lebensvolle Statuen zu gestalten?' Er antwortete: ‚Die Statuen sind bereits im Marmor; es kommt nur darauf an, sie herauszuholen.' Die Kinder sind wie der Marmor Rohmaterial: man kann aus ihnen edle Menschen, Helden, ja sogar Heilige herausholen. Und das ist die Arbeit des Katecheten."

„Von ganz kleinen Kindern sagt man: ‚Sie sind noch so klein! Es ist noch zu früh, ihnen Religion beizubringen.‘ Ein Erzieher antwortete einer Mutter auf die Frage, wann die Unterweisung ihres zweijährigen Kindes anfangen solle: ‚Sofort! Sie haben schon mindestens drei Jahre Verspätung!‘ Er wollte sagen, daß die Kleinen schon von den ersten Augenblicken ihres Lebens an fähig sind, religiöse Eindrücke aufzunehmen. Ein anderer Erzieher schrieb, daß ein Mensch in vier Jahren auf der Universität nicht entfernt soviel lernt wie in den ersten vier Lebensjahren. So entscheidend und unauslöschlich sind die ersten Eindrücke.“

„Die Großen entschuldigen sich: ‚Wir haben den Katechismus schon gelernt.‘ Ja, aber als Kinder; es war Katechismus für Kinder, mit wenigen Begriffen, mit kindlichen Bildern, Worten und Gefühlen... Aber jetzt als Erwachsener braucht man etwas Gehaltvolleres, was den Kopf klärt und das Leben leitet. Jetzt sind klare, zuverlässige Argumente, überzeugende Antworten notwendig, um die Angriffe, die von allen Seiten gegen den Glauben kommen, siegreich zu bestehen. Niemals wurde das Bedürfnis für den Katechismus so dringend empfunden wie heute.“

„Vor allem hängt es vom Katecheten ab, ob seine Aufgabe gelingt oder nicht. Philipp Neri und Don Bosco unterrichteten die Kinder in irgendeiner Sakristeiecke oder auf der Straße, ohne großartige ausgestattete Räume, und haben sie dennoch wie Zauberer hingerissen und verwandelt... Der Katechet kann nicht geben, was er nicht besitzt; ja er lehrt weniger das, was er hat, oder das, was er weiß, sondern das, was er ist.“

„Zwei Bergsteiger klettern auf einen Berg: der eine, weil es so Mode ist; der andere aus Leidenschaft. Zurückgekehrt, sagt der erste: ‚Was ich gesehen habe? Oh, nichts Besonderes: ein paar Seile, Bäume, Wasser, Wiesen, einen Haufen Himmel und sonst nichts.' Und gähnt. Der zweite sagt: ‚Was ich gesehen habe? Das werde ich nie mehr vergessen. Felsen und wieder Felsen, Wiesen und Wasser und die Sonne und das Blau des Himmels und alles voller Wunder!' Und während er spricht, sieht es so aus, als ob so große Wunder immer noch aus seinem Gesicht und seinem Herzen leuchten. Die beiden sagen das gleiche, aber die Art, es zu sagen, ist ganz verschieden. Der erste weckt bei keinem die Lust zu einer Bergtour; der zweite wird mit seiner Begeisterung die Leidenschaft für die Berge bei anderen wecken und sie auf neue Gipfel führen. So ist es mit dem Katecheten: Es genügt nicht, daß er redet, sondern während er redet, muß er Begeisterung wecken und mitreißen."

„Lacordaire hat geschrieben: ‚Gott wollte, daß den Menschen nichts Gutes getan werden kann, es sei denn, man liebt sie.' Und das ist wahr... Wenn der Katechet den Kindern nicht gut will, wird er niemals die Kraft finden, die Mißerfolge, Scherereien, Undankbarkeiten, die zu seinem Amt gehören, zu überwinden; um so weniger wird er imstande sein, zu ihnen Vertrauen zu haben, sie zu ertragen und Geduld aufzubringen."

„Franz von Sales sagt: ‚Bei Kindern braucht man: ein Gläschen voll Weisheit, ein Faß voll Klugheit und ein Meer voll Geduld.'"

„Man hat gesagt: In den ersten zehn Jahren unterrichtet der Lehrer auf Kosten der Schüler. Das ist vielleicht ein wenig übertrieben, aber Tatsache ist, daß man im ‚Handwerk' des Unterrichtens lange Zeit ‚Lehrling' bleibt. Und auch wenn man es eine Weile ausgeübt und ein wenig Erfahrung hat, sei man auf der Hut und spüre man immer das Bedürfnis zu lernen."

„Einem Fischer schmeckten Erdbeeren sehr gut. Er ging an den Fluß, steckte eine Erdbeere an die Angel und sagte: ‚Was mir schmeckt, wird auch den Fischen schmecken!' Den Fischen schmeckten die Erdbeeren nicht, sondern Würmer, die der Fischer jedoch nicht einmal in die Hand nehmen wollte. So kam es, daß die Fische ihrer Wege zogen und der Fischer leer ausging. Setzt man an die Stelle des Fischers den Katecheten und an die Stelle der Fische die Kinder, dann hat man eine Vorstellung von dem, was geschieht, wenn der Katechet sich nicht darum kümmert, den Geschmack seiner Schüler zu erfahren und sich ihnen anzupassen."

„Mose schlug in der Wüste mit dem Stab gegen den Felsen, und es kam erquickendes Wasser heraus. Eine große Glocke ist still und stumm, wenn sie nicht geläutet wird; schlägt jedoch der Klöppel gegen sie, verbreitet sie einen mächtigen, königlichen Klang über Kilometer hinweg. Streichhölzer in der Schachtel sind kleine, unbedeutende Dinge, gegen die Reibfläche gestrichen, geben sie Feuer und Hitze. Der Felsen, die Glocke, das Streichholz sind Bilder für die Formeln des Katechismus. Solange sie nicht erklärt werden, bleiben sie trocken, stumm, unbedeutend; gut erklärt, werden sie fruchtbar, sprechend, Licht spendend."

Die Leidenschaft für den Katechismus und die Katechese blieb ein charakteristisches Merkmal auch des Bischofs Luciani. Im Fastenhirtenbrief von 1960 sagte er: „Wie in jeder Diözese das Katechetische Amt die gesamte religiöse Unterweisung organisiert, so sollte in jeder Pfarrei eine entsprechende Gruppe alle Gutgewillten für die entsprechend aufgeteilten Aufgaben der Glaubensunterweisung mobilisieren. Du bist befähigt und hast Zeit zu lehren? Werde Katechet. Du bist nicht befähigt? Biete dich wenigstens an, die Kinder eines Wohnviertels zu sammeln und sie zur Katechismusstunde zu bringen. Du hast keine Zeit? Aber du hast etwas Geld. Also mach eine Spende, damit Bilder, Filme, Unterrichtsmaterialien angeschafft werden können. Du hast kein Geld? Gib wenigstens dein Gebet, deine Sympathie; suche, dir und anderen diese Überzeugung in den Kopf zu setzen: kein Werk verdient mehr Interesse, mehr Liebe, mehr Leidenschaft als das Werk der christlichen Glaubensunterweisung."

Als sich die Bischofssynode 1977 insbesondere mit dem Thema der Katechese befaßte, konnte der Erzbischof von Venedig, der sonst mit Stellungnahmen eher zurückhaltend war (als Bischof von Vittorio Veneto hat sich Luciani zum Beispiel auf dem Konzil keinmal zu Wort gemeldet), nicht anders, als auch einen Beitrag zu seinem Lieblingsthema beisteuern. Darin heißt es u. a.: „Um die Jugendlichen zu interessieren und anzusprechen, soll sich die Katechese besonders mit jener ‚hilaritas – Heiterkeit' umgeben, von der Augustinus spricht. Ihnen gefällt kein Leben, das mit Neins vollgespickt ist, von Schranken aller

Art verriegelt und verschlossen; dies nicht tun und das nicht ansehen, hier nicht berühren und dort nicht entlanggehen; dies ist schlecht und jenes noch schlechter. Sie wollen leben, sich ausbreiten, erobern und aktiv sein. In einer Katechese, in der sie nur Zuschauer und Zuhörer sind oder die, noch schlimmer, nur oder fast nur aus ‚Du kannst nicht, du darfst nicht' besteht, fühlen sie sich erstickt und unterdrückt. Katechetische Weisheit ist, nur das zu verbieten, was wirklich nicht erlaubt werden kann, und vielmehr sie zum Handeln zu bringen. Ein Motto der heiligen Katharina von Siena lautete: ‚Tun hilft immer.' Und Kardinal Ferrari sagte: ‚Der sicherste Weg, das Böse zu meiden, ist das Gute zu tun; wenn wir die Jugendlichen kopfüber ins Gute werfen, wird das Böse in ihrem Leben schließlich zurückgehen.' Ein starker Antrieb für die Jugendlichen können gut ausgewählte Heiligenleben sein: ‚Die Heiligen verhalten sich zur Bibel wie eine von tüchtigen Künstlern ausgeführte Musik zur geschriebenen Partitur: sie zeigen, wie diese oder jene biblische Lehre ins gelebte Leben, in bestimmte Lebensumstände übersetzt wird, und sie wirken mitreißend durch ihr Beispiel' (Franz von Sales)."

Bischof in Vittorio Veneto

„Als ich junger Student war, hatten wir im Kirchenrecht einen Lehrer, der eines Tages – wir waren bei den Paragraphen des kirchlichen Gesetzbuchs angelangt, in denen die Pflichten der Kardinäle, Metropoliten und Bischöfe behandelt werden – sagte: ‚Da kommen jetzt ein wenig ausgefallene Sachen; die überspringen wir. Wenn einer von euch zufällig zu solch einem Amt kommen sollte, dann muß er sie für sich nachstudieren.' So kam es, daß ich, als ich Bischof und Metropolit wurde, am Nullpunkt anfangen mußte." Das schrieb Luciani als Patriarch in einem seiner berühmten „Briefe". Er wurde am 15. Dezember 1958 zum Bischof der kleinen, an Belluno angrenzenden Alpenranddiözese Vittorio Veneto ernannt. Die Bischofsweihe erteilte Johannes XXIII. selbst, der wenige Wochen zuvor zum Papst gewählt worden war, am 27. Dezember 1958 in der Peterskirche – ein Zeichen der besonderen Verbundenheit mit seinem ehemaligen Suffraganbistum.

Einen Einblick in einige Grundzüge seines Wirkens als Oberhirte seiner in 176 Pfarreien rund 300000 Seelen zählenden Diözese gibt das 244 Seiten umfassende Buch „Nuove briciole di catechetica" („Neue Brosamen der Katechetik"); hierin sind Predigten oder Vorträge des Bischofs, die sich überwiegend an die Geistlichen wenden und die schon im diözesanen Amtsblatt veröffentlicht waren, neu zusammengestellt (erschienen 1961 in Vittorio Veneto). Das Hauptanliegen, das in ständig neuen Variationen und mit vielen kleinen Beispielen, Anekdoten, Zitaten, Geschichten zum Ausdruck kommt, ist die Glaubensverkündigung und -unterweisung, und zwar in einer einfachen, wirksamen Sprache.

„Ich bin überzeugt: jede Predigt, auch bei Erwachsenen, auch bei Gebildeten, ist um so wirksamer, je ‚katechetischer' sie ist, das heißt, je mehr sie sich dem

Inhalt nach an die Grundwahrheiten hält und je mehr sie der Form nach klar verständlich ist, freundlich familiär, fern von jeder Rhetorik, voller Beispiele und Anschaulichkeit. Für mich ist das ausgesucht gute, beste Saatgut der Katechismus. Ich habe nicht immer so gedacht, und auch ich habe in jüngeren Jahren durch hochtrabende, pathetische, wortreich nichtssagende Reden gesündigt. Dann habe ich mich bekehrt, und jetzt versuche ich, mich zu bessern und für meine Fehler Buße zu tun. Um die Richtung zu ändern, hat mir das Beispiel anderer geholfen. Franz von Sales sagte: ‚Als mein guter Vater hörte, wie es zur Predigt läutete, fragte er, wer sie halten würde; man antwortete ihm: Euer Sohn, wer denn sonst? Eines Tages nahm er mich beiseite und sagte zu mir: Du predigst zu oft ... Zu meiner Zeit war das nicht so, die Predigten waren ziemlich selten, aber das waren denn auch noch Predigten! Gebildet, sehr gelehrt, ganz wunderbar; in einer Predigt kam mehr Latein und Griechisch vor als bei dir in zehn; jeder war sprachlos, die Zuhörer kamen in Scharen, wie um das Manna zu sammeln. Du aber machst diese Sache so familiär, daß man gar kein großes Aufheben davon macht und daß man dir keine große Hochachtung entgegenbringt.‘ Da habe ich also gemerkt, daß es in der Welt zwei Arten von Predigten gibt: die eine hinterläßt das Publikum sprachlos mit offenem Mund, und die gefiel dem Vater des heiligen Franz von Sales; die andere bewegt und belehrt, ohne Ehre und Bewunderung für sich zu betreiben, und die wollte der Heilige."

In der Zeit, als Luciani Bischof in Vittorio Veneto war, fand das Zweite Vatikanische Konzil statt; es wurde auch für ihn ein Lernprozeß. Die Konzilserklärung über die Religionsfreiheit zum Beispiel erforderte von ihm, wie er selbst bekannte, ein Umdenken, das ihm keineswegs leicht fiel. Wenn er auch als Redner in der Konzilsaula selbst nicht in Erscheinung trat, so war er doch an der Ausarbeitung von Gutachten und Stellungnahmen maßgeblich beteiligt.

Zu einer schweren Belastungsprobe für die Kirche sollte die 1968 veröffentlichte Enzyklika „Humanae vitae" werden. Auch im Auftrag der regionalen venetischen Bischofskonferenz hatte Luciani das Problem studiert und hoffte auf eine offenere Entscheidung; auch deswegen, weil Kardinal Urbani von Venedig nach einer Audienz bei Paul VI. zu ihm gesagt hatte, daß der Papst das (von Luciani verfaßte) Dokument der venetischen Bischöfe auf dem Tisch gehabt und sich anerkennend darüber ausgesprochen habe. Wenige Tage später erschien die Enzyklika, die offenbar wider Erwarten in einem anderen Sinne ausfiel; dennoch machte sich Bischof Luciani die Entscheidung des Papstes ohne Zögern zu eigen und vertrat sie voller Treue gegenüber dem höchsten Lehramt.

Es begannen unruhige Jahre, in der Gesellschaft ebenso wie in der Kirche. Die Aufgabe des Bischofs, wie er sie verstand, erläuterte er dem großen Leserpublikum einer katholischen Wochenzeitschrift wie so oft mit einem Bild: „In der Kirche vollzieht sich eine innere Erneuerung und ein Dialog mit den äußeren Mächten. Es treten aber auch Schwierigkeiten auf. Als Bischof fühle ich mich manchmal in der Haut des Sohnes von Johann II., dem König von Frankreich. Der König geriet in der Schlacht bei Poitiers (1356) in schweres Handgemenge; an seiner Seite kämpfte der Sohn, der zugleich noch auf den Vater achtgab und ihm jedesmal zurief: ‚Vater, paß auf, von rechts! Vater, paß auf, von links!' Das ist das Geschäft, das ich ständig zu betreiben habe. Die Kirche möchte zum Beispiel befolgen, wozu Rosmini aufforderte, und ‚von Gott groß denken', indem sie würdigen Gottesdienst feiert und den Gottesbegriff von manchmal naiven oder gar lächerlichen Vorstellungen entkleidet, mit denen eine vorwissenschaftliche Agrarkultur ihn umgeben hatte. Aber das ist eine schwierige Aufgabe. Von rechts ruft man jedesmal, wenn ein alter Ritus durch einen neuen abgelöst wird: was für eine Gottlosigkeit, was für ein Sakrileg. Umgekehrt unternimmt man von links unterschiedslos eine Neuerung nach der anderen, reißt fröhlich das ganze alte Gebäude ab, schickt Bilder und Figuren auf den Dachboden, sieht überall Götzendienst und Aberglauben und geht schließlich so weit, zu behaupten, daß man, um Gottes Würde zu wahren, von ihm in den erlesensten Ausdrücken reden oder geradezu schweigen müsse."

Gegenüber Glaubenspluralisten, die etwa sagen, keiner habe die Wahrheit in der Tasche, sondern immer nur ein Stückchen und Gott allein würde alle Teilchen zur ganzen Wahrheit zusammensetzen, erzählte er die Fabel Tolstois von den Elefanten des indischen Königs. Ein König ließ alle Blinden seines Reiches zusammenholen und ihnen seine Elefanten zeigen. Einer betastete die Füße, ein zweiter den Schwanz, ein dritter das Schwanzende, ein vierter den Bauch, ein fünfter den Rücken, ein sechster die Ohren, ein siebter die Zähne, ein achter den Rüssel. Dann fragte der König die Blinden, wem die Elefanten ähnlich wären. Der erste, der die Beine gefühlt hatte, antwortete: „Sie sind Säulen ähnlich." Der zweite hatte den Schwanz angefaßt und sagte: „Einem Besenstiel." Andere sagten: „Einem Gebirge, einer Mauer, einem Widder, einem dicken Strick", und alle Antworten waren verschieden. Die Schlußfolgerung Lucianis: „Mir widerstrebt der Gedanke, daß Gott uns seinen Sohn gesandt hat, der uns sagt: ‚Ich bin der Weg, die Wahrheit und das Leben' und daß dann das Ganze mit dem Ergebnis endet, wir würden uns alle in der Situation jener Blinden befinden." Dem über diese Art von Theologie überraschten Zeitgenossen gibt Bischof Luciani zu bedenken: „Manchmal sind es, wie das Sprichwort sagt, die Gänse, die die Ochsen zum Saufen führen. Wo ein Rahner mit den großen theologischen Werken nicht hinkommt, kann ein Tolstoi mit der kleinen Fabel weiterhelfen."

Viertes Kapitel

Ein einfacher Patriarch

Am 15. Dezember 1958 war Luciani zum Bischof von Vittorio Veneto ernannt worden; genau elf Jahre später, am 15. Dezember 1969, erfolgte die Berufung nach Venedig als Nachfolger des Kardinals Urbani. Wenn auch „Patriarch" in der lateinischen Kirche ein bloßer Ehrentitel ist und Venedig nur zu den vier „kleinen Patriarchaten" gehört, gilt doch der Patriarchatssitz als einer der angesehensten Bischofssitze Italiens, von dem sieben Päpste stammten, darunter in diesem Jahrhundert Giuseppe Sarto (Pius X.) und Angelo Roncalli (Johannes XXIII.). In der kleinen Diözese Vittorio Veneto mit den vielen Dörfern fühlte sich Bischof Luciani zu Hause. Wie wird ihn das hochberühmte Venedig – einst die „Königin der Meere" – aufnehmen? Noch bevor er in die Lagunenstadt kommt, schreibt der neue Patriarch aus Vittorio Veneto als erste Brücke zu seinen neuen Diözesanen einen Brief, der am 1. Januar in der Kirchenzeitung „Gente Veneta" zu lesen ist.

„Liebe Venezianer"

„Als ich ein kleiner Bub war und noch in die Volksschule ging, wartete ich sehnsüchtig auf die Stunde, da ich dem Lehrer das alte, schon ganz vollgeschriebene Heft geben konnte, um es gegen ein neues Heft einzutauschen. Das alte gefiel mir nicht mehr; darin hatte ich gestrichen und radiert, Fehler und Kleckse hinterlassen. Im neuen jedoch hoffte ich, schöne Sätzchen hinzusetzen, viel besser auf saubere Buchstaben und richtige Schreibweise zu achten, kurz: als kleiner Schuljunge ein Meisterwerk zu versuchen. So ähnlich ist es an der Schwelle des neuen Jahres. Das Jahr 1969 ist das alte Heft, in dem verlorene Zeit, Verfehlungen, Schwächen, Mängel stehen. Das Jahr 1970 ist das neue Heft (aber niemand von uns ist sicher, ob er die dreihundertfünfundsechzig Seiten zur Verfügung hat!), von dem wir träumen, mit Gottes Hilfe ein kleines Meisterwerk zu machen, trotz der unausbleiblichen Schwierigkeiten.

Am Horizont tauchen Sorgen auf? Für alle, sicherlich, und es herrscht heute die Tendenz, sie als außergewöhnlich zu bezeichnen, sie und uns in ein Klima der Angst zu versetzen. Besser ist es, sie leichter zu machen mit dem Vertrauen auf Gott, dem wir uns nahe wissen und den wir mehr lieben als fürchten können...

Zu den persönlichen Problemen gehört die Sorge um Arbeit, Gesundheit, Weiterkommen. Sie bedrückt und quält nicht nur die Kranken, Arbeitslosen, Unterbeschäftigten, sondern auch Leute auf solchen Posten, die von anderen als „Goldgrube" angesehen werden.

Es mag Eurem Bischof erlaubt sein, zu wünschen, daß wir – bei aller Sorge um rechten menschlichen und sozialen Fortschritt – diese sagenhafte Sucht bremsen, die uns alle erfaßt, nämlich uns in übertriebener Weise herauszustellen: man sei das, was man sein soll; man erscheine als das, was man ist. Sonst könnten unsere Wünsche unsere Peiniger werden. Franz von Sales sagte: ‚Was nützt es, in Spanien Schlösser zu bauen, wenn wir in Frankreich wohnen müssen?'

Achten wir auch darauf, die Zeit, die Gott uns schenkt, sorgfältig zu verwenden. In den Bücherladen Benjamin Franklins kam ein Kunde; von der Verkäuferin erfuhr er, das gewünschte Buch koste einen Dollar. Da wollte er Franklin persönlich sprechen; lang und breit setzte er ihm die verschiedenen Gründe für einen Nachlaß im Preis auseinander. ‚Nichts mit Nachlaß, im Gegenteil, jetzt bekomme ich für das Buch anderthalb Dollar', antwortete Franklin, ‚einen Dollar für das Buch und den Rest für die Zeit, die ich durch euch verloren habe!' Das ist der kurz angebundene Stil der amerikanischen Geschäftsleute, für die Zeit Geld ist. Ob wir uns ein bißchen davon zu eigen machen im religiös-menschlichen Bereich? Ob das Jahr 1970 dank der gut verwendeten Zeit ein ‚qualitativer Sprung' zu unser und aller Wohl wird? Ob wir ein bißchen versuchen, Dante zu widerlegen, der schrieb: ‚Dahin geht die Zeit, und der Mensch merkt es nicht' (Purg. 4, 9)? Das wünscht von Herzen und erbittet von Gott der neue Patriarch."

Sein Brief an die Venezianer ist alles andere als ein feierlicher Hirtenbrief, und wenn er predigte, wußte er immer ein treffendes Bild, ein zugespitztes Zitat, eine hintergründig heitere Anekdote einzuflechten. Er liebte das einfache, anschaulich-klare Wort und hielt von hohen Phrasen ebensowenig wie von hohlen Zeremonien. Am 8. Februar war die Inthronisation im Markusdom. Das würde wieder ein prachtvolles Schauspiel werden, vor einer Kulisse, wie sie keine Stadt der Welt zu bieten hat, und mit einem Aufgebot an Requisiten, wie sie eben nur unser einmaliges Venedig zur Verfügung hat – dachten die Venezianer. Und sie staunten nicht schlecht, als der neue Patriarch nicht in der gewohnten Prunkprozession der Galagondeln zu seinem neuen Dom kam, sondern in einem alltäglichen Motorboot und dann die Begrüßungsrede folgendermaßen begann: „Als Kind aus den Bergen habe ich Venedig voller Bewunderung kennengelernt und wie im Traum. Man hatte mir vorher gesagt: In Venedig sind die Straßen aus Wasser, und sie werden von Gondeln befahren, und die Gondeln werden an Pfähle gebunden, wie wir bei uns hier oben das Vieh an die Bäume anbinden."

Venedig gewöhnte sich mit der Zeit an den neuen Stil seines Patriarchen, der die öffentlichen Verkehrsmittel benützte und mit den Leuten plauderte. An einem Morgen fragte ihn einer auf dem Canale Grande: „Wo geht's denn hin, Eminenz?" Antwort: „Zum Zahnarzt." Ungläubiges Erstaunen auf der anderen Seite. „Warum? Meinen Sie, der Patriarch kriegt keine

Zahnschmerzen? Wissen Sie, letzte Nacht habe ich fast nicht geschlafen und zwei Tabletten genommen."

Sein Alltag begann um fünf Uhr morgens und endete gegen zehn Uhr abends. Dazwischen lagen Gebet, die Messe in der Frühe, Besprechungen mit den Mitarbeitern, Gespräche mit Besuchern, Aktenstudium, Vorbereitung von Schriftstücken, das Lesen und Schreiben von Briefen. Abends verfolgte er regelmäßig die Nachrichtensendung des Fernsehens. In sein Arbeitszimmer kamen viele Menschen, die seinen Rat suchten und die keineswegs von vornherein die Haltung der Kirche teilten. Mit großem Interesse sah er die wichtigsten Tageszeitungen und Zeitschriften durch; dem Beruf des Journalisten galt seine heimliche Liebe. Im Laufe der Jahre hatte er sich aus vielen Notizen und ausgeschnittenen Artikeln ein kleines Privatarchiv zugelegt, das er sich nach seiner Wahl zum Papst gleich nachkommen ließ.

Seine persönlichen Wohnräume waren spartanisch einfach, kaum ein Bild. „Die schönsten Bilder", pflegte er zu sagen, „sind die offenen Fenster mit dem Panorama der Stadt." Aus dem Essen machte er sich nicht viel; je bescheidener, desto lieber war es ihm. Schwester Vincenza von der kleinen Ordensschwesterngemeinschaft, die den Haushalt des Patriarchats besorgt, ließ sich die Bemerkung entlocken, daß er alles mochte nur nicht „Tortellini" (fleischgefüllte Teigtaschen). Und ausgerechnet das pflegten die Pfarrhaushälterinnen als besonderen Leckerbissen zu bereiten, wenn er zur Visitation kam, bis er schließlich seiner Schwester Vincenza einen Wink gab, und die sagte dann, wenn man sich besorgt wegen des Essens vorher erkundigte: „Macht ihm, was ihr wollt, bloß keine Tortellini." Einmal beobachtete sie, wie er sich in die dampfend aufgetischte Suppe kaltes Wasser goß; auf ihre Frage: „Ist sie zu salzig?" antwortete er: „Nein, Schwester, zu heiß." Soviel Zeit, bis sie von selbst abgekühlt wäre, wollte er nicht verlieren.

Für andere aber konnte er sich Zeit nehmen. Das haben viele erfahren, selbst wenn sie einmal unangemeldet zu ihm kamen, wie umgekehrt auch er selbst jemanden ohne vorherige Vereinbarung aufsuchen konnte. Der Münchner Kardinal Ratzinger erzählt über seine erste Begegnung mit dem Patriarchen: „Er hat mich voriges Jahr (1977) während meines Urlaubs in Brixen besucht. Er hörte, daß ich dort war, und hat sich gesagt: In dieser Nähe muß man einen Kardinalskollegen besuchen. Einen schönen Nachmittag lang haben wir miteinander geplaudert. Ich konnte dabei seine außergewöhnliche Einfachheit bewundern. Er kam zu mir wie irgendein italienischer Landpfarrer. Man merkte allerdings, daß hinter dieser Einfachheit eine sehr große menschliche Bildung und geistliche Tiefe steckt."

Krankenhäuser waren keine fremde Welt für ihn. Verschiedentlich mußte er sie als Patient aufsuchen, mal hatte er etwas am Auge, mal mußte er sich die Mandeln herausnehmen lassen. Schwerwiegender waren zwei Eingriffe wegen Blasensteinen und Hämorrhoiden, und aus der Kindheit war ihm eine Anfälligkeit für Erkrankungen der Bronchien und der Lunge geblieben. Viel öfter aber und immer wieder suchte er Krankenhäuser als Seelsorger auf, und sein

Trost war um vieles überzeugender, wenn er zu Kranken sagen konnte: „Haben Sie keine Angst; ich bin auch im Krankenhaus gewesen, bin auch operiert worden." Manchmal aber beklagte er sich: „Wenn man merkt, daß ich komme, setzt sich alles in Bewegung: Direktor, Oberin, Ärzte, Schwestern, und ich muß sie bitten, mich in Frieden zu lassen. In Vittorio Veneto konnte ich unbehelligt meiner Wege gehen. Warum nur begreifen die hier in Venedig das nicht?"

Ob in einer Fabrik oder auf dem Campingplatz, bei der Visitation kleiner Pfarreien oder bei der Eröffnung großer Kongresse – überall fand er mit seinem herzlichen Lächeln Kontakt zu den Menschen und suchte ihn auch. Das Patriarchat hatte eine Ferienvilla in San Pietro di Feletto, die er aber nie benutzte, weil sie ihm zu einsam war. Lieber ging er, wenn er für vierzehn Tage ausspannen wollte, ins Kloster der Serviten zu Weißenstein in Südtirol. Diesen Marienwallfahrtsort hatte er schon als Kind kennengelernt; ihm blieb er zeit seines Lebens eng verbunden. Da konnte er morgens und abends in Ruhe beten, tagsüber in Wäldern wandern und auf Berge steigen (ohne daß er je Beschwerden mit dem Herzen oder dem Kreislauf bekommen hätte); zum Essen aber ging er am liebsten zu irgendeiner Familie oder in die Dorfwirtschaft, um sich mit den Leuten zu unterhalten und Boccia zu spielen. „Viele hatten keine Ahnung, daß er ein Bischof war", erzählt Don Mario Senigaglia, der frühere Sekretär des Patriarchen, heute Bischofsvikar in Venedig, „und nicht wenige werden erst gemerkt haben, wer er war, als sie ihn im Fernsehen wiedererkannten – als Papst." Wie der neugewählte Papst die riesige

Menschenmenge auf dem Petersplatz ansprach, mit einfachen, menschlichen Worten und mit seinem herzlichen Lächeln, hat er die Sympathie der Welt gewonnen. Alle waren verblüfft, nur die Venezianer nicht; sie kannten ihn: „Ja, das ist er; genauso hat er immer geredet."

Seine Einfachheit kam nicht von ungefähr; sie war auch die Frucht einer täglichen Selbstüberwindung, die keinem Menschen leicht wird. Der kurze Psalm 131 scheint sein Lieblingspsalm gewesen zu sein; im „Brief" an König David schreibt er seine Auslegung dazu, in der es heißt: „Ich versuche, Ihrer Spur zu folgen, muß mich aber leider darauf beschränken zu beten: ‚Herr, das wünsche ich mir, daß mein Herz nicht Gedanken des Hochmuts hinterherläuft!' Ihr werdet sagen: ‚Ein bißchen wenig für einen Bischof.' Ich weiß, aber es ist wirklich so: Hundertmal habe ich meinen Hochmut zu Grabe getragen mit der Selbsttäuschung, nach so vielen ‚Requiescats' läge er 2 m tief unter der Erde, und hundertmal habe ich ihn schneller als vorher wieder aufsteigen sehen. Ich habe gefühlt, daß Kritik mich noch geärgert und umgekehrt Lob mir gefallen hat, daß mich das Urteil der anderen über mich mit unruhigen Gedanken erfüllte. Wenn mir ein Kompliment gemacht wird, dann muß ich mich mit dem Esel vergleichen, der den Herrn am Palmsonntag getragen hat. Und ich sage mir: Wenn jener Esel, als er den Jubel der Menge hörte, hochmütig geworden wäre und angefangen hätte – so ein Esel, wie er war –, nach rechts und links zu danken mit Verneigungen einer Primadonna, wieviel Gelächter hätte er ausgelöst!"

„Du hast mich zum Lachen gebracht“

Über die „kleine“ Theresia von Lisieux bezeugte ihre Oberin: „Sosehr sie in der Kapelle versunken und bei der Arbeit hingegeben ist, so ist sie andererseits bei der Rekreation übermütig und voller Einfälle, so daß sie uns alle zum Lachen bringt.“ Diese Zeilen hatte sich der junge Luciani in ihrer Biographie unterstrichen. Und bei der „großen“ Theresia von Ávila liegt ihm weniger die visionäre und ekstatische Mystikerin, sondern die Frau mit dem bewundernswert gesunden Menschenverstand: „die Teresa des praktischen Lebens; die genau dieselben Schwierigkeiten wie wir erfährt und sie mit Klugheit zu meistern weiß; die ein heiteres Gesicht macht, die lachen kann und lachen läßt“, wie er im „Brief“ an sie schreibt. Und er hat sich auch das Wort des mit fünfzehn Jahren gestorbenen Domenico Savio gemerkt, der nicht nur ins Turiner Jugendheim Don Boscos, sondern bei ihm auch in die Schule der Heiligkeit gegangen war: „Hier bei uns macht man Heilige mit Humor.“

Die Freude, mit der Luciani die Sympathie der Welt gewinnen sollte und die sich seinem Gesicht, für jeden unvergeßlich, einprägte, ist weniger eine Frage des Temperaments, sondern hängt mit der Liebe zusammen. Freundlich bleiben und das Lächeln bewahren, das ist schon ein gutes Stück praktischer Nächstenliebe, zu der man immer und gerade in den Banalitäten des Lebens Gelegenheit hat: „Kleine, unscheinbare Liebe. Oft das einzig Mögliche. Ich habe niemals Gelegenheit gehabt, mich ins Wasser eines reißenden Flusses zu stürzen, um einen Ertrinkenden zu retten;

aber sehr oft bin ich angegangen worden, etwas auszuborgen, Briefe zu schreiben, einfache, geringfügige Hinweise zu geben. Ich habe unterwegs niemals einen tollwütigen Hund getroffen, wohl aber lästige Fliegen und Mücken; niemals hatte ich Verfolger, die mich verprügelten, aber viele Menschen, die mich dadurch störten, daß sie auf der Straße grölten, den Fernseher allzu laut aufdrehten oder vielleicht ein gewisses Geräusch beim Essen der Suppe von sich gaben. Helfen, wie man kann; sich nicht aufregen; voller Verständnis sein; still bleiben und (soweit möglich!) bei solchen Gelegenheiten lächeln – das heißt den Nächsten lieben, ohne Phrasen, praktisch."

Die Freude, die man anderen macht, kann eine erlesene Form von Nächstenliebe sein. Das veranschaulicht Luciani durch die Legende von dem Iren, der unversehens starb und nun vor den himmlischen Richterstuhl treten mußte: „Nicht wenig beklommen, denn die Bilanz seines Lebens erwies sich als ziemlich dürftig. Vor ihm eine lange Reihe, er wartete und hörte genau zu. Zum ersten in der Reihe sprach Christus, nachdem er die große Liste durchgesehen hatte: ‚Ich finde hier: als ich Hunger hatte, gabst du mir zu essen. Gut so! Geh ins Paradies!' Zum zweiten: ‚Ich hatte Durst, und du gabst mir zu trinken.' Zum dritten: ‚Ich war im Gefängnis, und du hast mich besucht.' Und so weiter. Bei jedem, der ins Paradies geschickt wurde, prüfte sich der Ire und bekam es mit der Furcht: er hatte weder zu essen noch zu trinken gegeben, er hatte weder Gefangene noch Kranke besucht. Jetzt kam er an die Reihe, voller Furcht schaute er auf Christus, der die Liste durchsah. Aber Christus

Seite 69: Bei der Bischofsweihe, die Papst Johannes XXIII. am 27. 12. 1958 in der Peterskirche erteilte.
Seite 70: Als Patriarch von Venedig im Kreise der großen Familie seines Bruders Edoardo Luciani.

erhob die Augen und sagte zu ihm: ,Viel steht da nicht geschrieben. Aber etwas hast auch du gemacht: Ich war traurig, mutlos, niedergeschlagen, und du bist gekommen, hast mir lustige Sachen erzählt, mich zum Lachen gebracht und mir wieder Mut gemacht: Paradies!'"

Der Seelsorger

Die Diözese Venedig hat 126 Pfarreien. Im Durchschnitt besuchte der Patriarch zwanzig Pfarreien im Jahr, vorwiegend im Winterhalbjahr. Der erste „Giro" von Visitationen dauerte von 1970 bis 1975, der zweite war im vollen Gang. Kurz vor der Abreise zum Konklave hatte er den Pfarrern von fünf zuvor besuchten Vikariaten seine Bemerkungen und Eindrücke bei der Visitation geschrieben, um ihnen auch dadurch Mut zu machen und neuen Antrieb zu geben. Die Themen, auf die er immer wieder zu sprechen kommt, sind Gottesdienst, Katechese, Pfarrei, Presse. Er freut sich, daß im Bistum die Liturgiereform gelebt wird, ohne Mißbräuche, mit reger Beteiligung des Volkes. Ab und zu gibt er „halblaut" einen Hinweis, einen Rat. „Die schönen Gesänge würden noch schöner sein, wenn auch das Volk mitsingen würde."

Eine Sorge des Patriarchen, die wiederholt zur Sprache kommt, ist die Glaubensunterweisung. „Anerkennenswert die Gruppe der Katecheten, die sich bemüht, eine Katechese voranzubringen, welche die kleineren und größeren Kinder auf ein christliches Leben vorbereitet. Es bleibt das Problem der Jugendli-

Seite 71: Kinder schenken dem Erzbischof ein Lamm.
Seite 72: Beim „Tag des ausländischen Mitbürgers" am 19. 5. 1975 während der Tausendjahrfeier des Mainzer Doms, neben ihm Kardinal Hermann Volk.

chen und der Erwachsenen. Man versuche, sie mit allen möglichen Mitteln zu erreichen, einschließlich der guten Presse." „Den freiwilligen Helfern in der Katechese wird die Treue gegenüber Gott und den Menschen empfohlen. Gott treu ist man, wenn man nicht eine eigene Wahrheit zum Ausdruck bringt, sondern die Wahrheit, die das Lehramt der Kirche zu glauben vorlegt."

Für die soziale Situation in einer Pfarrei hat er ein besonderes Gespür, für Industrieansiedlungen, Neubaugebiete, Probleme der Arbeitslosigkeit, Auswirkungen des Tourismus. Regelmäßig erkundigt er sich nach dem Pfarrgemeinderat. „Er sollte die Pfarrei lebendig halten, ein wirksames Instrument mit Rat und Tat sein." Er unterstreicht im Anschluß an das Konzil die Würde der Laien und ihre besondere Aufgabe. Er dankt einem, der ein notwendiges, aber wegen der Vereinsamung schweres Amt durchhält. Neuen Pastoralexperimenten gegenüber äußert er gelegentlich die Sorge, daß der Seelsorger sich auf Sondergruppen beschränkt, die Gesamtheit vernachlässigt oder nicht als der Priester aller erscheint. Manchmal klingt ein Bedauern durch, daß Seelsorgsformen von früher, die auch heute noch nützlich wären, fallengelassen wurden.

Die katholische Presse liegt ihm besonders am Herzen, sie ist der „Kaplan in Papiergestalt". Man soll sie, so bescheiden sie sei, nicht unterschätzen, zum Beispiel als Mittel der Glaubensunterweisung oder als Weg, voneinander zu erfahren. „Wie kann man die Diözese als eine Familie ansehen, wenn man nicht wissen möchte, was in dieser Familie passiert."

Die Briefe, die er selbst in der weitverbreiteten Wochenzeitschrift „Messagero di Sant'Antonio" veröffentlichte und die auch gesammelt als Buch unter dem Titel „Illustrissimi" („Hochverehrte [Damen und Herren]") erschienen, sind bei aller geist- und humorvollen Originalität nichts anderes als Worte eines Seelsorgers. „Wenn ich in San Marco predige, hören mir an die hundert, hundertfünfzig, im Höchstfall zweihundert Leute zu. Die Hälfte davon sind Touristen, die kein Wort Italienisch verstehen; die andere Hälfte brave, längst bekehrte alte Leute. Man sagte mir: ‚Schreiben Sie für uns, dann haben Sie einige tausend Zuhörer mehr.' Das hat mich überzeugt."

Ein Beispiel für seine geistvolle Art des „Aufhängers": ein fingierter Brief, adressiert an einen Venezianer des 16. Jahrhunderts, der einundneunzig Jahre alt wurde und der das Erfolgsrezept für sein hohes Alter in seinen „Reden über das einfache Leben" verriet (das Buch war zu seiner Zeit ein Schlager, wie man sich gut vorstellen kann). Der Brief Lucianis an diesen inzwischen jahrhundertealten Landsmann wird zu einer Epistel über die Kunst, einfach zu leben, alt und glücklich zu werden, sich nützlich zu machen; und wenn die Kräfte nicht mehr reichen, beten kann man immer noch. Alter ist im übrigen eine relative Angelegenheit. Diese Binsenwahrheit illustriert er durch eine Anekdote über den französischen Komponisten Charles Gounod. Als dieser seine Oper „Faust" schrieb – damals war er vierzig –, fragte man ihn: „Wie alt soll denn nun euer Faust im ersten Akt sein?" – „Du liebe Zeit", antwortete Gounod, „das normale Alter eines Alten: sechzig." Zwanzig Jahre später war Gounod selbst sechzig; man stellt ihm die gleiche Frage, mit Unschuldsmiene antwortet er: „Du liebe Zeit, das normale Alter eines Alten: achtzig."

Am Schluß dieses Briefes gesteht der Patriarch: „Wenn ich schreibe, denke ich vor allem an unsere Alten: sie brauchen Verständnis, ihnen muß man Mut machen ... So pflegte der Direktor einer Tageszeitung seinen Mitarbeitern zu empfehlen: ‚Schreibt oft etwas für die Alten! Wenn ihr auf irgendeinen Fall von langem Leben stoßt (es geht zum Beispiel einer auf die Hundert zu in geistiger Frische und auch sonst noch ganz rüstig), laßt euch die schöne Nachricht nicht entgehen, bringt das im Lokalteil. Dem Leserpublikum der Alten wird das gefallen, und sie werden sagen: Eine Zeitung, die gut informiert ist!' Wie zufrieden wäre ich, wenn man sagen würde: ‚Der Messagero di Sant'Antonio – wie gut der informiert ist!'"

Probleme in der Kirche

Bei einer Predigt während der 13. Generalversammlung der Italienischen Bischofskonferenz hat der Patriarch von Venedig, Kardinal Luciani, in wenigen Sätzen einige innerkirchliche Hauptprobleme skizziert: „Auch in der Kirche von heute gibt es ernste Schwierigkeiten. Sie rühren von denen her, die nichts ändern wollen in einer Welt, die sich doch sehr schnell ändert. Das Konzil ist für sie mehr eine Sache zum Vergessen als zum Verwirklichen: sie blockieren die Liturgiereform, die gesunde Mitverantwortung der Laien in der Kirche; sie begreifen eine Evangelisation nicht, die den irdischen Realitäten den gebührenden Raum zubilligt. Ernste Schwierigkeiten kommen auch von jenen, die zuviel ändern wollen und über unaufgebbare Prinzipien hinweggehen. Eines von diesen ist die Pflicht der Gläubigen, ihren Oberhirten in Dingen des Glaubens oder solchen, die mit dem Glauben verbunden sind, zu gehorchen."

In der nachkonziliaren Kirche gab es Vorgänge, in denen sich die innerkirchlichen Probleme weithin sichtbar kristallisierten. Dazu gehört der Fall des traditionalistischen Erzbischofs Lefebvre. Seine schweren Vorwürfe gegen das Konzil, seine Anklage gegen die heutige Kirche einschließlich ihrer Oberhirten, den Papst nicht ausgenommen, vom Auftrag Christi und von der wahren Überlieferung des katholischen Glaubens abgefallen zu sein, haben bei manchen Widerhall gefunden, die durch die Entwicklungen in der Kirche nach dem Konzil beunruhigt und verunsichert wurden, wenn auch die wenigsten dem Verhalten und den Konsequenzen Lefebvres zustimmten. Lefebvre hatte am 6. Juni 1977 in Rom, im Palast Pallavicini-Rospigliosi, eine „kurze Darlegung seiner Thesen" gegeben. Hierzu schrieb Kardinal Luciani, unter anderem weil eine kleine Gruppe von Lefebvre-Anhängern auch in Venedig Schriften gleicher Tendenz verbreitete, in der venezianischen Tageszeitung „Il Gazzettino" vom 8. Juni 1977:

„Der Fall macht traurig, aber er ist nicht neu: in der Kirche hat er sich im Lauf der Jahrhunderte viele Male wiederholt. Ich erinnere an den Fall Pedro de Luna, den aragonischen Kardinal, der zur Zeit des Großen Abendländischen Schismas zum Gegenpapst gewählt wurde. Man richtete inständige Bitten an ihn zurückzutreten. Der Kaiser Sigismund brach von Konstanz auf, um mit ihm zu verhandeln. Nichts zu machen: er verschanzte sich in der Burg Peñiscola am Meer bei Valencia. Sein Anhang war zusammengeschrumpft und bestand zuletzt fast nur noch aus den Dienern und drei Kardinälen. Dennoch nannte er sich weiterhin bis zu seinem Tod ‚Pastor universalis'. Von dort schleuderte er Exkommunikationen gegen diesen oder jenen. Er wiederholte: ‚Die ganze Menschheit war in der Arche Noes, und die ganze Kirche ist hier mit mir in der Burg Peñiscola.'

Aber kommen wir zu den Thesen. In dem in Venedig verteilten Faltblatt klagt Lefebvre nacheinander durch Thesen die Kirche an, ‚aus dieser Welt das Vorzimmer der Hölle zu machen'. Erste These: Durch die Proklamation der Religionsfreiheit auf dem Konzil hätte die Kirche den Weg geändert, hätte sie auf den Kampf gegen den Irrtum verzichtet.

In Wirklichkeit hat das Konzil statt geändert den Gang präzisiert, besser ausgerichtet. Mit Bezug auf die Vergangenheit der Kirche hat das Konzil eingeräumt, daß ‚bisweilen eine Weise des Handelns vorgekommen ist, die dem Geist des Evangeliums wenig entsprechend, ja sogar entgegengesetzt war' (Dignitatis humanae, Nr. 12). Es wird Lefebvre ja nicht die Methode Karls des Großen billigen wollen, der zu den Sachsen sagte: ‚Entweder ihr laßt euch taufen, oder ich lasse euch töten.' Der gleiche Lefebvre jedoch meint, mit dem Konzil nicht übereinstimmen zu können, das schreibt: die Kirche ‚hat die Lehre, die sie von ihrem Meister und von den Aposteln empfangen hat, im Laufe der Zeit bewahrt und weitergegeben ... daß niemand zum Glauben gezwungen werden darf' (a.a.O.).

Die Kirche verzichte auf den Kampf gegen den Irrtum? Wahrscheinlich hat Lefebvre nicht bemerkt, daß der Titel der Konzilserklärung von ‚gesellschaftlicher und bürgerlicher Freiheit in religiösen Dingen' spricht. Hier steht mehr der Staat als die Kirche auf dem Spiel. Es ist der Staat, die politische Macht, ob katholisch oder nicht, der – gemäß dem Konzil – weder zwingen darf, daß jemand einen religiösen Glauben bekennt, dem er nicht zuneigt, noch verhindern darf, daß jemand einen Glauben bekennt, dem er zuneigt. Derselbe Staat darf ferner nach dem Konzil in zwei Fällen die Freiheit der Staatsangehörigen, um die es hier geht, einschränken: wenn die Freiheit von einzelnen oder Gruppen in einer Weise benützt würde, daß die Freiheit anderer in Gefahr käme, und wenn die öffentliche Ordnung und das allgemeine Wohl aufs Spiel gesetzt würden. Natürlich müssen eventuelle staatliche Einschränkungen in jedem Fall genaue Gesetzesvorschriften beachten, sie dürfen nicht willkürlich und zugunsten nur einer Seite geschehen. Soviel Freiheit – sagt das Konzil – wie möglich; Einschränkungen nur so viel, wie um des Allgemeinwohls willen wirklich notwendig."

Dann kommt Luciani auf die Muttersprache in der Liturgie zu sprechen, für deren Verwendung er sich auf dem Konzil eingesetzt habe, auf das Schweigen Lefebvres beim Konzil, auf den Häresievorwurf gegen die sogenannte „Messe Pauls VI.", schließlich auf von Lefebvre so heftig verurteilte Dinge wie Pluralismus,

Ökumenismus, Dialog, und er sagt abschließend (im Juni 1977, als die Ablehnung des päpstlichen Primats, wie er in der Gegenwart ausgeübt wird, durch die Traditionalistenbewegung vielleicht noch nicht so weit ging wie in der Folgezeit):

„Im Palazzo Rospigliosi hat Lefebvre einige Namen von seiner Meinung nach linksstehenden Bischöfen genannt. Ich fühle mich außerstande, seine – im übrigen durch keine Beweise gestützte – Meinung über diese Punkte zu teilen. Merkt aber der französische Bischof nicht, daß in Italien fast täglich Vorwürfe gegen den Episkopat erhoben werden, weil er Christentum und Marxismus für unvereinbar erklärt? Der gleiche Vorwurf fällt auf den Papst, dem in Worten Lefebvre sich so ergeben bekennt. Ich sagte: ‚in Worten'; in Wirklichkeit stellt er sich auf die gleiche Linie wie Voltaire, der sagte: ‚Der Papst ist eine heilige Person; küssen wir ihm also den Fuß, aber binden wir ihm die Hände.'"

Zum Fall Lefebvre hatte sich Kardinal Luciani schon früher geäußert (in einem Artikel in „Il Gazzettino" vom 31. August 1976), als sich gegen die Suspendierung Lefebvres und gegen die Laisierung des Benediktinerabts Franzoni (mit dem Luciani übrigens befreundet war) sowohl Stimmen erhoben, der Papst habe zu hart gehandelt, als auch Stimmen, er sei viel zu lange viel zu nachsichtig gewesen. Gegenüber solchen Vorwürfen verweist Luciani auf die Regel des Herrn (Mt 18, 15–17), was zu tun sei, wenn ein Bruder „nicht hört". Wenn entsprechend dem Evangelium die Auseinandersetzung stufenweise, geduldig hoffend, zu erfolgen habe, so habe der Papst sich genau daran gehalten. Aufschlußreich könne aber für solche dornigen Fälle auch das Licht der Geschichte sein und vor allem das Beispiel der großen Seelsorger der Kirche, und Luciani nennt hierbei Augustinus in seinem Verhalten gegenüber den Donatisten, die noch rigoristischer als heute die Traditionalisten gewesen seien. Dennoch bleibe es zuletzt doch ein Rätsel, wenn Lefebvre ebenso wie Franzoni jetzt ausdrücklich das Konzilswort ablehne („Der Bischof von Rom hat Kraft seines Amtes als Stellvertreter Christi und Hirt der ganzen Kirche volle, höchste und universale Gewalt über die Kirche und kann sie immer frei ausüben", Lumen gentium, Nr. 22), das gleiche, dem sie wenige Jahre zuvor sicher voll und ganz zugestimmt haben: „Für mich ist es ein Vorgang ohne Erklärung. Oder vielleicht liegt die Erklärung in dem Satz, mit dem Paul Bourget seinen Roman ‚Der Mittagsdämon' schließt: ‚Man muß leben, wie man denkt, sonst denkt man zuletzt so, wie man lebt.'"

Zum Schluß heißt es im gleichen Artikel des Kardinals von Venedig: „Die Gefahr kann auch für uns bestehen. Achten wir darauf, daß wir nicht dahin kommen, zu sagen: ‚Eine Hierarchie – ja, aber nicht diese; ja, aber auf die Anordnungen dieser Hierarchie hier, so wenig intelligent und fortschrittlich, pfeifen wir.' Wir könnten uns eines Tages – zwangsläufig und ohne es zu merken – ohne irgendeine Kirche befinden, zufrieden mit einem vagen Gemeinschaftsgefühl, auf uns selbst gestellt und verlassen, ohne feste, verläßliche Bezugspunkte. Das kam vor, das kommt vor. Man erwartet eine andere Kirche, einen anderen Papst, einen anderen Bischof – die, die man im Kopf hat, die in den Büchern der Kontestation beschrieben sind. Der Herr jedoch will, daß man der Hierarchie gehorcht, die lebt und die heute da ist. Jene, an die er dachte, als er sagte: ,Wer euch hört, hört mich; wer euch verachtet, verachtet mich.'"

Für Kardinal Luciani ist es eine Selbstverständlichkeit, daß die Aufgabe, den Glauben darzulegen und, wenn nötig, zu verteidigen, für einen Bischof den Vorrang vor allen anderen Aufgaben hat, und es kann nicht überraschen, daß er insbesondere dort seine Stimme (und seine Feder, zum Beispiel in einem Artikel vom 27. Februar 1971) erhebt, wo er diese Funktion des kirchlichen Lehramts angegriffen, bezweifelt, entwertet sieht. Er äußert sich beispielsweise bei aller Verbindlichkeit in der Form klar und entschieden zu den Fragen, die in jüngster Zeit im Zusammenhang mit dem Dogma der Unfehlbarkeit des Papstes neu aufgeworfen wurden. Er schließt sich der Diagnose Henri de Lubacs an: „Es ist bei manchen Theologen eine erbitterte Haltung festzustellen, um des eingenommenen Standpunkts willen nichts zu schonen, ein Wille, schlechtzumachen, eine Art Aggressivität, die sich sowohl gegen die Vergangenheit der Kirche als gegen ihr heutiges Leben richtet, gegen alle Formen ihrer Autorität, gegen alle ihre Strukturen." Er betont, daß die Charismen, von denen heute soviel die Rede sei, bei aller Wertschätzung der Prüfung durch die Hierarchie bedürfen; beide seien in der Kirche notwendig, aber in verschiedener Weise: „Die Charismen wirken als Gaspedal, indem sie Fortschritt und Erneuerung unterstützen. Die Hierarchie muß eher als Bremse dienen zugunsten von Stabilität und Klugheit", schreibt er im „Brief" an die heilige Teresa von Ávila, in dem er ausführlich auf die Frage der Charismen zu sprechen kommt. In der großen Debatte um die Ehescheidung in Italien vertrat er mit Schärfe die Haltung der Kirche; eine katholische Studentenorganisation Venedigs, die sich für Ja zur Einführung der Möglichkeit einer staatlichen Ehescheidung ausgesprochen hatte, löste er kurzerhand auf. Angesichts solcher Probleme in der Kirche, so verschieden sie im einzelnen sein mögen: „Was würdet ihr an meiner Stelle tun? Sollte ich mir jeden Hinweis auf Irrtümer oder auf gefährliche, in Umlauf gebrachte Meinungen verbieten? Mir scheint nein, ich würde meine Sendung verraten und das christliche Volk im Stich lassen, dessen erstes Recht es ist, mit Klarheit zu wissen, welches die von Gott geoffenbarten Wahrheiten sind."

Über Venedig hinaus

Der Seelsorger auf dem Patriarchenstuhl von Venedig war kein weitgereister, weltläufiger Kirchenfürst. Dennoch brachte sein Amt manche überregionale Aufgaben mit sich. 1971 nahm er auf persönliche Einladung Papst Pauls VI. an der Bischofssynode in Rom teil. Von 1972 bis 1975 war er Vizepräsident der Italienischen Bischofskonferenz. Am 5. März 1973 wurde er zum Kardinal ernannt; nachdem er schon über drei Jahre in Venedig war, einem Bischofssitz, mit dem traditionsgemäß der Kardinalspurpur verbunden ist, erscheint diese Ernennung eher verzögert. Man wird an den Pro-Staatssekretär Montini erinnert, der im

November 1954 von Papst Pius XII. zum Erzbischof von Mailand ernannt, aber erst im Dezember 1958 vom neuen Papst Johannes XXIII. zum Kardinal kreiert wurde. Als Kardinal war Luciani Mitglied der Sakramenten- und Gottesdienstkongregation. Sonst hatte er niemals, weder direkt noch indirekt, ein Amt an der Römischen Kurie inne. Reisen nach Rom liebte er nicht sonderlich; jedesmal, wenn ihn der Sekretär des Papstes in den Vatikan bat, fragte er zurück: „Aber ist es auch wirklich notwendig?"

Noch als Bischof von Vittorio Veneto ist er einmal nach Afrika gereist, um in Burundi italienische Missionsstationen zu besuchen. Als Patriarch von Venedig war er in Brasilien; auf Einladung der brasilianischen Bischofskonferenz nahm er im Herbst 1975 an der großen Feier des Rosenkranzfestes in Santa Maria teil. Bei dieser Reise lernte er unter anderem den Erzbischof von Fortaleza, Kardinal Lorscheider, persönlich kennen, über den er vor dem Konklave die Bemerkung machte, diesen würde er zum Papst wählen. Anläßlich der Tausendjahrfeier des Mainzer Doms kam er zu einem „Tag des ausländischen Mitbürgers" nach Mainz (19. Mai 1975); seine Predigt im Dom vor rund zweitausend Italienern fing so an: „Auch ich bin der Sohn eines italienischen Gastarbeiters." Anschließend reiste er privat unter anderem auch nach Fulda, Aachen und München, bevor er wieder nach Venedig zurückkehrte.

Die Marienfrömmigkeit führte ihn wiederholt zu den großen Heiligtümern; mehrfach begleitete er Diözesanwallfahrten nach Lourdes, Loreto, Pompeji, Fatima. Aber auch bei kleineren Wallfahrtsorten der näheren oder weiteren Umgebung war er immer wieder einmal zu Gast; in Maria Weißenstein (Pietralba) pflegte er im Servitenkloster Ferien zu machen, und von hier aus besuchte er auch einmal den von den gleichen Serviten betreuten Gnadenort Maria Waldrast in der Nähe des Brenners. „Auf mein Leben als Bischof zurückblickend, entdecke ich mit Erstaunen, daß ich einen Teil meines seelsorglichen Dienstes bei den Heiligtümern vollbracht habe", schrieb er im Juni 1978 für eine marianische Monatszeitschrift.

Am 16. September 1972 besuchte Papst Paul VI. Venedig. An eine Begebenheit während dieses Besuchs erinnert sich Giuseppe Bosa, der Generalvikar des Patriarchen, den dieser drei Tage nach der Papstwahl zum Apostolischen Administrator Venedigs einsetzte: „Ich kann ein Ereignis nicht vergessen, das in gewissem Sinne wie eine Vorherbestimmung erscheint. Es geschah im September 1972, als Papst Paul VI. hierher nach Venedig kam. Vor zwanzigtausend Gläubigen nahm der Heilige Vater nach seiner Ansprache die breite päpstliche Stola ab und legte sie dem damaligen Erzbischof Luciani auf die Schultern, als ob er auf ihn als seinen Nachfolger hinweisen wollte, der sein Werk fortsetzen würde."

Fünftes Kapitel

In Freude verwandeltes Leid

Was den Menschen von Venedig an ihrem Patriarchen Luciani besonders auffiel, war das gleiche, wodurch er die Menschen der Welt als Papst Johannes Paul I. so tief beeindruckte: die Freude, die ihm im Gesicht geschrieben stand. Sein ungezwungenes, gütiges Lächeln schlug alle in Bann. Er verkörperte christliche Freude und strahlte sie aus, aber er hat auch über sie und ihre Wurzel gesprochen. „Selig die Armen, selig die Verfolgten" – auf die ungeheuerliche, nicht zu fassende Provokation dieser Verheißung der Bergpredigt kommt er in seinem „Brief" an Jesus zu sprechen, und sie bleibt Herausforderung auch für ihn:

„Am Tag, da Du gelehrt hast: Selig die Armen, selig die Verfolgten, war ich nicht dabei. Wäre ich in Deiner Nähe gewesen, hätte ich Dir ins Ohr geflüstert: ‚Um Himmels willen, Herr, sag was anderes, wenn Du willst, daß Dir irgendeiner folgt. Siehst Du nicht, daß alle auf Reichtümer und Bequemlichkeit aus sind? Cato hat seinen Soldaten die Feigen Afrikas versprochen, Cäsar seinen Legionen die Schätze Galliens; ob gut oder schlecht, so haben sie es gemacht, daß ihnen ihre Leute folgten. Du versprichst Armut, Verfolgungen. Wer, willst Du, soll Dir folgen?' Unbeirrt gehst

Du weiter voran, und ich höre Dich sagen: ‚Ich bin das Weizenkorn, das sterben muß und dann erst Frucht bringt; es muß sein, daß ich an einem Kreuz erhöht werde; von da aus werde ich die ganze Welt an mich ziehen.'"

Das Leiden der Welt

Eine Woge von Gewalttaten überflutet Italien, und viele andere Länder der Welt bluten aus tausend Wunden. Wer wagt es, da noch von Freude zu reden? Soll man angesichts der Passion einer ganzen Menschheit die Feier des Osterfestes nicht auf glücklichere Tage verschieben? Zu Ostern 1977 schreibt Erzbischof Luciani:

„Wir spüren es: ein unruhiges Osterfest, dem Taten des Hasses und der Gewalt vorausgingen und das von schweren sozialen und politischen Sorgen begleitet ist. Es wäre jedoch schlecht, das Vertrauen zu verlieren: Der Christ sieht das Böse, aber er nimmt sich vor, es zu heilen; man darf sich nicht darauf beschränken, die Zeiten zu beklagen, sondern muß sich bemühen, sich selbst zu bessern und bei den anderen Trauer und Furcht zu verringern. Vom Licht des Auferstandenen berührt, fühlen wir uns zumindest in der Lage des Lazarus, der – auferweckt und auf der Schwelle des aufgebrochenen Grabes – sich die Binden abreißt, die Glieder reckt und mit Vertrauen darangeht, das normale Leben wieder aufzunehmen."

In einem anderen Zusammenhang, im „Brief" an Manzoni, den großen, im katholischen Glauben tief verwurzelten Dichter, kommt das Problem der Gewalt zur Sprache. Dieses große Leiden unserer und auch früherer Zeiten ist ein Schlüsselmotiv im Roman „Die Verlobten", dem unübertroffenen Meisterwerk italienischer Prosa. Luciani schreibt an Manzoni: „Um alles zu sagen: Ihnen gefällt keinerlei Gewalt, nicht einmal jene, zu der die Armen greifen, wenn sie ungerecht zertreten werden. Renzo [einer der beiden Verlobten, eine Hauptfigur des Romans] ist fest entschlossen, sich auf eigene Faust Gerechtigkeit zu verschaffen, und er sagt: ‚In dieser Welt wird noch abgerechnet, und es gibt endlich Gerechtigkeit' – ein Satz, den Ihr schroff mit diesem Kommentar abweist: ‚Das ist wahr, daß ein Mensch, vom Schmerz überwältigt, nicht mehr weiß, was er sagt.' Und anstelle von Gewalt, was empfehlt Ihr gegen die Gewalt? Die Vergebung. Vergebung erbittet der Kapuzinerpater Cristoforo vom Bruder des Mannes, den er erschlug, und sein ganzes restliches Leben wirbt er für die Vergebung; in seiner Tasche trägt er ‚das Brot der Vergebung'."

Statt mit diesem „Brot der Vergebung" haben sich viele heute mit dem Gift der Resignation eingedeckt: Was soll's – da ist doch nichts zu machen. In der größten Dichtung Italiens, in Dantes „Göttlicher Komödie", trifft der Dichter auf dem mühseligen Weg den Läuterungsberg hinauf einen alten Florentiner Freund, den Lautenmacher Belacqua, der sich unten am Berg in mutloser Bequemlichkeit niedergelassen hat. An diese klassische Gestalt der Resignation erinnert der Patriarch von Venedig seine Leser (zu Ostern 1977) und stellt seine Zeitungspredigt unter das

Motto: Wir sind nicht Menschen vom Schlage Belacquas, sondern von der Art Abrahams:

„Der faule, schlafmützige, resignierte Belacqua antwortet Dante auf dessen Mahnung aufzuwachen: ‚Hinaufsteigen, Bruder, was bringt's?' (Purg. IV, 127.) Wir sind nicht vom Geschlecht Belacquas, sondern von der Art Abrahams, der gegen alle Hoffnung gehofft hat und gerade deswegen sich in Bewegung gesetzt hat, losgegangen ist, gehandelt hat und zu guten Ergebnissen gekommen ist.

Von Abrahams Art! Auch wenn wir geschlagen werden. An engagierten Katholiken geschieht heute in Wirklichkeit, was Papini in einer Gleichnisgeschichte erzählte. Ein alter Mann, schreibt Papini, hatte die Angewohnheit, nicht am Tisch zu essen, sondern er stellte sich die Suppenschüssel auf die Knie, egal, wie sehr ihm seine Knie wegen seines Alters zitterten. Vielmehr sagte er zu seiner Frau: ‚Paß bloß auf, Rosa, denn wenn sie mir herunterfällt, dann kriegst du es ab.' Und wirklich, die Suppenschüssel fiel oft herunter, und jedesmal, wenn sie herunterfiel, setzte es für die unglückselige Rosa Prügel. Fällt heute die Schüssel herunter? Das heißt: Gibt es Probleme, Schwierigkeiten, Scherben? Die unlogische Konsequenz lautet: Man verwüstet die Einrichtungen katholischer Gemeinden, man verprügelt katholische Jugendliche und Priester. Der heilige Franz sagte zu Bruder Leo: ‚Wenn wir endlich bei einem Haus angekommen sind, todmüde, hungrig, durchnäßt, und es kommt einer heraus mit einem dicken Stock, um uns zu verprügeln und fortzujagen, Bruder Leo, schreibe: Darin ist die vollkommene Freude.' Wir werden versuchen, diese christliche Lektion zu lernen; es sei uns aber erlaubt, wenigstens festzustellen, daß wir Menschen gegenüberstehen, die die Freiheit predigen, eine Freiheit, die sie allen anderen wegnehmen außer sich selbst...

Von Abrahams Art! Auch angesichts der großen, zahlreichen Spaltungen auf dem Gebiet der Politik, der Kultur, selbst der Religion... Aber wir dürfen den Mut nicht verlieren. Ein alter Franziskanerbruder hatte sich eine äußerst schwierige Aufgabe gestellt: aus der gleichen Schüssel und zu gleicher Zeit sollten Mäuse und Katzen zusammen fressen. Viele Versuche mißlangen. Eine Reihe Mäuse fielen dem ungewöhnlichen Tischgenossen zum Opfer. Auch die Katzen mußten mehrfach ausgewechselt werden. Schließlich fand sich eine Gutmütige von sozusagen franziskanischer Art, die sich still und sanft dem Zusammenleben und der Eintracht unterwarf. Von nun an fraßen Katzen und Mäuse in Frieden aus der gleichen Schüssel. Dem Bruder kam es so wunderbar vor, daß er dieses Friedensbild der eigenen Brüderfamilie verheimlichte, und er starb, ohne das Geheimnis des geglückten Experiments zu lüften. Schade! Wenn er heute durch ein Wunder wiederkäme und lebendig in unserer Mitte stünde, man müßte ihm sofort einen Lehrstuhl für politische Wissenschaften an irgendeiner unserer Universitäten geben. Er wüßte, uns zu sozialem Frieden zu verhelfen, und ließe uns ein fröhlicheres Ostern sehen."

Jahresende, Jahresanfang sind bevorzugte Termine für Prognosen, was alles kommen wird und wie alles weitergehen soll, was zu befürchten und was zu erhoffen sei. Zu Beginn des Jahres 1977 schrieb Kardinal Luciani einen Artikel, in dem er sich in Anspielung an ein Gedicht Leopardis, des bekannten italienischen Lyrikers, mit einem Kalenderverkäufer vergleicht, der aber nicht Pessimismus, sondern „echte Hoffnungen, wenn auch gezügelt durch den nötigen Realismus" verkaufen möchte. Seine Predigt über die Hoffnung beginnt mit einem Gebet:

„Bleibe bei mir, Herr, auch im nächsten Jahr. Halte deine Hand über mich, aber gib auch, daß ich mich unter deine Hand stelle. Nimm mich, wie ich bin, mit meinen Fehlern und meinen Sünden, aber hilf mir so zu werden, wie du es willst und wie auch ich will."

Dann fährt er fort: „Wie man sieht, das erste an der Hoffnung ist: der Dialog des Menschen mit Gott, des Sohnes mit seinem Vater, des Sünders mit dem, der die unendliche Barmherzigkeit ist. Solch ein Gespräch tut in Zeiten der Freude genauso gut wie in Zeiten des Leids. Wer dieses Zwiegespräch nicht kennt, wer es eine Zeitlang unterbrochen oder vergessen hat, der sollte es so schnell wie möglich wieder aufnehmen.

Das zweite an der Hoffnung ist: unserem besseren Ich mehr Raum geben; den besseren Teil in uns selbst neu entdecken, aus der Tiefe auftauchen lassen und ihn nicht so schlecht behandeln. Heute werden die Stars von Film und Sport, die Männer an der Spitze der Macht und des Erfolgs von vielen bewundert und als Modell des Lebens angesehen. Sie gelten als die ‚Heroen', von denen Carlyle spricht, als die ‚Übermenschen', denen es zukommt, die Völker zu führen. Orientieren wir uns lieber an Giambattista Vico, für den jener ein ‚Heroe' ist, der das Höhere erstrebt, das heißt: sittliche Größe, Einheit mit Gott, nach besten Kräften beitragen zur Förderung jedes Menschen. Es ist tatsächlich mehr Hoffnung in uns, wenn ein Verlangen nach echter menschlicher Größe in uns brennt; nach jener Größe, wie sie zum Beispiel Hamlet seinem toten Vater zuschreibt: Bei ihm war alles so harmonisch, daß die Natur sich auf die Fußspitzen zu stellen schien, um auf ihn wie mit dem Finger hinzuweisen und zu sagen: ‚Er war ein Mann, nehmt alles in allem, ich werde nimmer seinesgleichen sehen.' Oder jene andere Größe, von der ein französischer Dichter schreibt: ‚Der Mensch ist ein gefallener Gott, der sich des Himmels erinnert.' Wir sind in der Tat eine Art Engel, der keine Flügel mehr hat; aber wir erinnern uns daran, daß wir sie einmal hatten, und wenn wir daran glauben, sie wiederzubekommen, dann werden wir von der Hoffnung verwandelt.

Das dritte an der Hoffnung ist der Optimismus. In einem seiner Bücher erzählt Maxim Gorki, wie er eines Tages am Strand der Krim den alten Leo Tolstoi bei einem Gespräch mit einer Eidechse überraschte, die sich neben ihm in der Sonne wärmte. ‚Bist du glücklich?' fragte der große Dichter das kleine Tier. Natürlich kam keine Antwort, und doch gestand Tolstoi seufzend der Eidechse: ‚Ich nicht.' Traurige Worte. Ihnen halte ich entgegen, was Pierre l'Ermite in seinem Roman ‚Die Treue ist einfach', sagt: ‚Das Glück ist nicht kompliziert, es besteht nicht aus großen, seltenen Dingen, die man lange und weit weg suchen muß. Kleine Dinge machen es aus: innerer Friede, der in den unvermeidlichen Prüfungen des Lebens bewahrt wird; Freundschaft mit Gott, die Enttäuschungen und Verrat der Menschen zu entschädigen vermag; Fähigkeit, die eigenen Wünsche zähmen zu können.'

Manch einer plagt sich ab, um zu den ‚Großen' dieser Welt zu zählen. Es möge ihm glücken. Wenn er aber auf diesem Olymp angekommen ist, soll er sich nicht die Leute vom Leib halten. Leopardi bemerkte, daß ‚Menschen von großen Verdiensten immer Menschen von einfacher Art' sind. Oder man nehme sich den Rat Goethes zu Herzen: ‚Wenn es dich stört, daß um dein Haupt die Raben kreischen, dann sei nicht darauf aus, die Spitze des Kirchturms zu sein.' Mit anderen Worten: Je höher man steigt, desto mehr muß man sich darauf einstellen, belästigt zu werden. Die großen Posten bringen nur dann ein gewisses Glück, wenn man sie übernimmt, um den anderen zu dienen.

Man spricht so viel von Umweltverschmutzung. Es gibt auch eine Verschmutzung durch Lärm, durch hektische, verkrampfte Geschäftigkeit. Ein Stückchen Glück gewinnt der, der es versteht, sich trotzdem Raum der Stille zu verschaffen, der auf das gewohnte Fernsehen, das gewohnte Radio, auf überflüssiges Gerede, auf endlose Empfänge verzichten kann.

Auf dem Mailänder Hauptbahnhof sah ich einmal einen Gepäckträger. Er lag mit dem Kopf auf einem Sack Kohlen an einem Pfeiler und schlief selig. Züge fuhren mit schrillen Pfiffen los, andere rollten mit quietschenden Bremsen ein; durch die Lautsprecher kamen dauernd Durchsagen; die Leute kamen und gingen mit Lärm und Krach. Er aber schlief weiter, als ob er sagen wollte: ‚Macht, was ihr wollt, ich brauche Ruhe.' Dieser Mann war für mich eine Mahnung: Mitten im Lärm und in der Hetze dieser Welt bleibe, der du bist. Laß dich nicht zum bloßen Werkzeug machen, werde nicht zum Sklaven von Meinungen und Moden. Verschaff dir ein bißchen Stille, zum Wohl deiner Seele. Lärm bringt nicht das Gute, das Gute macht keinen Lärm.

Der bevorzugte Ort der Ruhe sollte das Zuhause sein. Früher sprach man vom ‚häuslichen Herd'; er war gleichsam der Altar der Familie, um den man sich zum Beten, Erzählen, Zuhören versammelte. Das Feuer dieses Herdes ist ausgegangen. Wir haben elektrifizierte Küchen und Ölheizung. Mit dem Geschichtenerzählen ist es vorbei, dafür ist das Fernsehen da. Aber die Wärme des Zusammenseins, die vertraute Nähe in der Familie darf nicht verlorengehen.

Calderón de la Barca dachte, daß wir alle Schauspieler im ‚großen Welttheater' sind. Aber Schauspieler, die, in fremde Gewänder gekleidet, auf der Bühne vor dem Publikum die zugeteilten Rollen spielen, können wir nur außer Haus sein. Zu Hause nicht. Zu Hause ist der Ort, wo wir wirklich wir selbst sind, wo wir unser eigentliches Leben leben in Liebe, gegenseitigem guten Beispiel, ungezwungen und so, wie man es sich zum Ziel gesetzt hat. Ein modernes, zweckmäßiges, bequemes Zuhause ist schön, aber es wird noch schöner, wenn es durch gesunde Überlieferungen vollendet und beseelt, wenn es zum Hüter unzerstörbarer Werte wird.

Hier könnte einer einwenden: ,Und die schweren, bedrückenden Probleme, werden die ganz vergessen? Merkt er nicht, daß unser Land einem Kessel gleicht, der unter dem hohen Druck jeden Augenblick explodieren kann? Und da hat er Zeit, von solchem Quatsch zu reden, wo die großen Maßnahmen für die Wirtschaft, die öffentliche Ordnung, die politische Führung gebraucht werden?' Nein, ich vergesse das nicht; auch ich warte auf die großen Maßnahmen, die die Verantwortlichen in einem Klima relativen Waffenstillstands zwischen den Parteien vorbereiten. Trotzdem sage ich: Diese ,großen Maßnahmen' werden viel wirksamer sein, wenn sie in einem jeden von uns bereits die ,kleine Maßnahme' der persönlichen Güte, des unter Gottes Angesicht gelebten Lebens antreffen. Wer sich bewußt ist, daß er über sein Tun Gott Rechenschaft geben muß, wird in der Tat nicht betrügen, stehlen, rauben, sich vor seinen Pflichten drücken, illegal Geld ins Ausland bringen, sich auf Kosten der Armen bereichern; und noch viel weniger wird er Flugzeuge in die Luft jagen und Bomben werfen, die unter Unschuldigen ein Blutbad anrichten und Furcht und Schrecken verbreiten. Ich denke, daß wir für ein glückliches Jahr 1977 die ,großen Maßnahmen' ebenso wie die ,kleine Maßnahme' brauchen. Der Herr hat gesagt: das eine tun und das andere nicht lassen."

Bei der Messe zur Amtseinführung legte der rangälteste Kardinaldiakon, Felici, dem neuen Papst Johannes Paul I. das Pallium um. In dem alten Gebet, das er dabei sprach, heißt es: „Gelobt sei Gott, der dich zum Hirten der ganzen Kirche erwählt und dir das apostolische Dienstamt anvertraut hat. Mögest du glücklich sein in einem langen irdischen Leben, bis du, von Gott gerufen, zum Eintritt ins Himmelreich mit der Unsterblichkeit bekleidet wirst." Dieser Eintritt erfolgte schneller, als alle geahnt hätten. Einen Monat später hielt der gleiche Kardinal Felici einen der Trauergottesdienste für den verstorbenen Papst und sagte dabei: „Auf das Gebet beim Anlegen des Palliums anspielend, hat Johannes Paul I. mir nachher gesagt: ‚Ja, glücklich nach außen hin. Wenn Sie wüßten, wie es in meinem Inneren aussieht...' Sein Lächeln war das Lächeln einer erlittenen Liebe, das Lächeln der vollkommenen Hingabe an den Willen Gottes." Von dieser Art ist die Freude, die anzustecken vermag – wie eine Funke, der sich aufleuchtend verzehrt.

Zu dieser aus dem Schmerz geborenen Freude kam hinzu, daß der Patriarch und spätere Papst einen angeborenen Sinn für Humor hatte, für die schalkhafte Pointe und ein Gespür für das Lächerliche falscher Erhabenheit, auf die er das Wort Shaws bezog: „Wie komisch die Wahrheit ist!" Bei den Heiligen gefielen ihm jene besonders, die andere zum Lachen gebracht haben, und eine Heiligkeit, bei der die Liebe nicht mit der Freude verschwistert ist, war ihm nicht ganz geheuer. Wenige Monate vor seinem Tod schrieb er einen Artikel unter der Überschrift: „Christlicher Glaube und Freude gehören zusammen" (im „Messaggiero di Sant'Antonio" vom 10. November 1977). Als Motto stellte er den Ausspruch eines seiner Bekannten voran, der über eine heilig erscheinende, im übrigen aber griesgrämige Nonne zu sagen pflegte: „Die hat, fürchte ich, mehr mit der Leber zu tun, als daß sie heilig ist." Der Artikel beginnt mit der Erinnerung an einen italienischen Nationalhelden aus der Kreuzzugszeit, Amadeus VI. von Savoyen, der 1355 einen Ritterorden (als Halsbandorden, der bis 1951 der höchste Orden Italiens war) stiftete zu Ehren der „Fünfzehn Freuden Mariens":

„Es steht mir weder zu, noch habe ich den Wunsch, Ritterorden zu gründen, aber über die christliche Freude zu sprechen, das möchte ich mir doch herausnehmen.

Die erste Form der Freude ist allen Menschen gemeinsam, Christen und Nichtchristen, Guten und Bösen. Als Junge las ich das Leben Andrew Carnegies, eines mit seinen Eltern nach Amerika ausgewanderten Schotten, der schnell einer der reichsten Männer der Welt geworden war. Er war nicht katholisch, und es hat mich sehr überrascht, was er über die reinen, wirklichen Freuden seines Lebens sagt: ‚Ich bin in Not und Armut geboren, doch würde ich, was meine Kindheitserinnerungen betrifft, nicht mit Millionärskindern tauschen. Was wissen sie von den Freuden der Familie, von der geliebten Mutter, die Kinderfräulein, Wäscherin, Köchin, Lehrerin, Schutzengel und Heilige in einem ist!' Mit jungen Jahren hatte er in einer Spinnerei in Pittsburgh für einen monatlichen Lohn von erbärmlichen 56 Lire eine Arbeit angenommen. Eines Abends sagte ihm der Kassierer, statt ihm gleich seinen Betrag auszuzahlen, er solle etwas warten. Carnegie zitterte: ‚Jetzt werden sie dich entlassen.‘ Doch statt dessen sagte ihm der Kassierer, nachdem er den anderen den Lohn ausbezahlt hatte: ‚Andrew, ich habe Ihre Arbeit aufmerksam verfolgt und bin zu dem Schluß gekommen, daß sie besser ist als die der anderen. Ich erhöhe Ihren Lohn auf 67 Lire.‘ Carnegie eilte nach Hause, wo der Mutter vor Freude über die Lohnerhöhung ihres Sohnes die Tränen kamen. Viele Jahre später sagte Carnegie: ‚Ihr sprecht von Millionären. Meine ganzen Millionen zusammengenommen haben mich niemals so gefreut wie diese 11 Lire pro Monat mehr.‘

Viele Freuden lassen sich mit den Freuden Carnegies vergleichen – die Freude des Bergsteigers, der nach einem schwierigen Aufstieg den Gipfel erreicht, die Freude des Ehepaares Curie, die mit ihrer Intelligenz und ihrem Fleiß das Radium entdeckten; die Freude des Kolumbus und seiner Matrosen, die nach vielen Entbehrungen endlich die neue Welt auftauchen sahen … Alle gesunden Freuden werden dem Christen ans Herz gelegt: Sie sollen sie suchen, pflegen und vor den Anfechtungen der Traurigkeit, der Niedergeschlagenheit, des Sich-gehen-Lassens schützen. Sie sind ein Wert in sich, können eine große Hilfe für ein gutes Leben sein und stehen im Einklang mit den Wünschen Christi, der seine Botschaft ‚Evangelium‘, das heißt Frohe Botschaft, nennt (Mt 24,14; Mk 14,9).

Auf diese menschlichen Freuden schaut der Christ

mit Sympathie, aber auch Klugheit. Sie bedeuten etwas, aber nicht alles. Sie können ein Mittel zu einem guten Zweck sein, sind aber nicht der letzte Zweck. Sie währen eine Zeitlang, aber nicht immer. Der heilige Paulus mahnt: ‚Wer sich die Welt zunutze macht, lebe so, als nutze er sie nicht aus; denn die Gestalt dieser Welt vergeht' (1 Kor 7, 31). Der Christ muß auch unterscheiden und auswählen: Freude ist nicht gleich Gefallen finden; Freude, die einhergeht mit unseren guten Leidenschaften, ist nicht gleich Freude, die mit unseren schlechten Leidenschaften verbunden ist. Gut ist die Freude am Verzeihen, am Helfen. Schlecht ist die Freude des Neidischen, der sich am Mißerfolg des Nächsten weidet; des Hochmütigen, der skrupellos die Macht gebraucht. Unterliegen wir auch keinen hohlen Anpreisungen: Man glaube nicht an die Familie, wie sie die Werbung oft darstellt: In ihr würden die Kinder nur mit dieser oder jener Milch, diesem oder jenem Brei gedeihen. Die jungen Mädchen würden rasch den richtigen Mann finden mit dieser Seife oder jener Zahnpasta. Die jungen Männer bräuchten für ihre Karriere diesen unfehlbaren Anzug der Erfolgreichen. Die Liebe der Eheleute gerate nie in Gefahr mit jenem Cognac, der sie wahrhaft wohlig wärme … Solche Sachen werden uns – mit einem Blick auf den Geldbeutel – vorgemacht, damit wir die Notwendigkeit von Arbeit, Opfer und die harte Wirklichkeit vergessen, die uns in die Augen springt, wenn wir in die Krankenhäuser, Gefängnisse, in die Häuser der Armen, aber auch der Reichen kommen.

Die Freude läßt sich nicht verbergen. Sie äußert sich. Tartarin de Tarascon brachte sie – als echter überschäumender Südländer – mit lebhaften Gesten und lauten Worten zum Ausdruck. Der englische ‚Gentleman' zeigt seine Freude nicht so deutlich, er äußert sie in sehr verhaltener und beherrschter Form. Jeder hat seinen eigenen Stil. Doch es bleibt dabei: Der Christ wirbt auch dadurch für das Reich Gottes, daß er Freude schafft und Freude verbreitet. Der heilige Petrus schreibt: ‚Seid stets bereit, jedem zu antworten, der euch zur Rede stellt wegen der Hoffnung, in der ihr lebt' (1 Petr 3, 15). Petrus spricht hier von der Hoffnung, der Zwillingsschwester der Freude, ist doch der Gegenstand der Hoffnung das noch zu erlangende Gut, während sich die Freude auf das schon in Besitz genommene Gut richtet (vgl. Thomas von Aquin, Summa contra gentiles I, 89). Die Heiligen haben das verstanden. Der heilige Philipp Neri wurde eines Tages von seinem Freund, Bruder Zanobi, gerügt, weil er beim Lesen der ‚Facezie del Pievano arlotto' wonnevoll lachte. ‚Ein Priester des Herrn sollte so nicht lachen', sagte Zanobi. ‚Der Herr ist doch gut', erwiderte Philipp. ‚Warum sollte er sich nicht freuen, wenn die Seinen lachen? Ist es nicht die Traurigkeit, die unser Haupt niederdrückt und nicht zum Himmel aufschauen läßt? Deshalb müssen wir die Traurigkeit und nicht die Fröhlichkeit bekämpfen.'

Der heilige Philipp hat recht. Was aber dann, wenn uns Leid überfällt? Der einsichtige Gläubige empört sich nicht darüber, daß in der Welt Unglück und Leid ständige Gefährten sind. Er weiß, daß Gott gut ist, daß er das Böse nur duldet, daß er aus dem Bösen das Gute zu gewinnen weiß, daß unser Leben hier auf Erden nur vorübergehend ist. Mehr vermag er nicht zu sagen. Er weiß auf die vielen quälenden ‚Warum?' des Bösen und des Leids in der Welt keine letzte Antwort zu geben. Und selbst gegenüber dem Atheisten erlaubt er sich wie Stendhal zu scherzen. Zu einigen, die wegen des Unglücks, das ihnen widerfahren war, Gott fluchten, sagte Stendhal einmal: ‚Warum richtet ihr euch an Gott? Ich erkläre euch, wie sich die Dinge verhalten: Gott hat selbst begriffen, daß er diesmal keine glückliche Hand hatte. Denn er hat beschlossen, die Atheisten, seine Geheimagenten, loszuschicken, damit sie ausposaunen, Gott existiere nicht.'

Statt solcher Schlagfertigkeiten sagt der Christ: Es kommt nicht darauf an, zu wissen, *warum* das Leid, sondern zu wissen, *wie* man sich im Leid verhalten soll. Darauf gibt es die klare Antwort: mit aller Kraft dem Vorbild Christi folgen. Er war unschuldig, heilig, hatte allen Gutes getan. Dennoch wurde er verfolgt, verurteilt, gekreuzigt. Christus hat sich – wenn auch nach innerem Kampf – dem Willen des Vaters hingegeben (Mk 26,39; Lk 34,16). Er hat für das Heil der anderen gelitten (Lk 22,19–20), für seine Peiniger gebetet (Lk 23,34). Er hat sich verhalten wie ein geduldiges Lamm, das man zur Schlachtbank führt; wie ein Schaf vor dem Scherer öffnete er nicht seinen Mund (vgl. Jes 53,7). So handelte Jesus, und er mahnt uns zu beten: ‚Vater, dein Wille geschehe!' Er soll durch uns geschehen. Manche verstehen dieses Gebet auf ihre Weise und denken dabei: ‚Mein Jesus, ich will dich lieben, damit du meinen Willen tust.' Der heilige Philipp Neri sagte das Gegenteil: ‚damit dein Wille geschieht', und noch mehr: ‚Herr, ich danke dir, daß die Dinge nicht nach meinen Vorstellungen gehen.'

Dieses Gebet des heiligen Philipp Neri bringt uns auf eine andere, höhere Ebene der christlichen Freude, von der Dante in dem wohl schönsten Vers seiner ‚Göttlichen Komödie' sagte: ‚Und in seinem Willen ist unser Friede.' Das Bewußtsein, daß wir den Willen Gottes tun, löscht in uns andere Wünsche und macht uns zufrieden. Es handelt sich um einen Gott, der Vater ist, von dem wir uns geliebt fühlen und den wir lieben. Wir sehen nicht genau, wohin er uns führen will. Aber wir vertrauen uns ihm an, so wie jenes Kind seinem Vater, einem Maurer, vertraute, der es das Gerüst eines Wolkenkratzers hinauftrug und über die Tiefe hielt, damit es lernte, ohne Schwindelgefühl in den Abgrund zu schauen. ‚Hast du keine Angst gehabt?' wurde das Kind gefragt. ‚Nein, mein Vater hielt mich fest in seinen Händen', antwortete es.

Auch wir wissen uns in den Händen Gottes. Dies bringt eine so tiefe Freude, daß alle anderen Freuden verblassen und übertroffen werden. Mit der besonderen Hilfe Gottes können wir noch weiter gelangen und selbst den Schmerz in Freude verwandeln. Als der heilige Franz von Assisi fast nichts mehr sehen konnte und todkrank dalag, sagte er: ‚So groß ist das Gute, daß ich mir erwarte, daß mir jede Qual willkommen ist.' Die Apostel ‚gingen vom Hohen Rat weg und freuten sich, weil sie gewürdigt worden waren, für den Namen Jesu Schmach zu erleiden' (Apg 5,41). Der heilige Paulus spricht von ‚trauernd, doch allzeit fröhlich' (2 Kor 6,10). Die heilige Theresia von Lisieux stellt fest: ‚In der Kindheit habe ich mit Traurigkeit gelitten. Jetzt leide ich auch, aber anders: in Freude und in Frieden, und ich bin wirklich glücklich, leiden zu dürfen' (Heiligsprechungsprozeß Nr. 1525). Auf ihrem Krankenbett betrachtete sie ihre abgemagerten Hände und sagte: ‚Ich empfinde wirkliche Freude, mich so vernichtet zu sehen' (Derniers entretiens, C. 7. 14. 7. 10)."

Sechstes Kapitel

Das Beispiel von drei Päpsten

1978, in dem Jahr, in dem er selbst Papst werden sollte, schrieb Kardinal Luciani vier Beiträge über drei Päpste, ohne ahnen zu können, daß er über seine Vorgänger schreiben würde. Es waren Artikel für die Tageszeitung, für ein großes Publikum also, von der Zeitungsredaktion erbeten, die offensichtlich gute Erfahrungen mit ihrem Mitarbeiter aus dem Patriarchat gemacht hatte. Den äußeren Anlaß zu diesen Artikeln bildeten Papstgedenktage, die dem Patriarchen Gelegenheit boten, Erinnerungen wachzurufen, Vorgänge zu deuten, Stellung zu nehmen und zu den Lesern auf fast unmerkliche Weise als Seelsorger zu sprechen.

Pius IX.: ein Heiliger?

Zweiunddreißig Jahre lang – der längste Pontifikat der Kirchengeschichte überhaupt – hatte Giovanni Maria Mastai-Ferretti, der als Papst den Namen Pius IX. führte, das höchste Amt der Kirche inne, von 1846 bis 1878. Sein Bild schwankt im Urteil der Geschichte. „Dieser Papst, den viele – von seiner glühenden

Frömmigkeit, seinem Vertrauen auf die Vorsehung und seiner Seelenstärke in den Heimsuchungen tief beeindruckt – schon zu seinen Lebzeiten als einen Heiligen priesen, erschien jedoch andererseits in den Augen eines Teils seiner Zeitgenossen, einschließlich mancher Geistlichen und mancher militanten Laien, deren Hingebung an die Kirche unbestreitbar war, lediglich als ein eitler Autokrat oder als eine von abgestumpften Reaktionären manövrierte Marionette" (Roger Aubert). Der Pontifikat Pius' IX. fiel in eine Zeit der Revolutionen und Restaurationen, der schweren gesellschaftlichen und weltanschaulichen Auseinandersetzungen, der tiefgreifenden innerkirchlichen Entwicklungen, wie sie zum Beispiel durch das Erste Vatikanische Konzil oder durch eine wachsende Reserve gegenüber historisch-kritischem Denken in der Theologie oder durch eine ungeahnte Wiedererstarkung katholischen Lebens und eine neue Blüte der Frömmigkeit markiert werden. Pius IX. starb am 7. Februar 1878. Wie wird man hundert Jahre später, in einer Zeit der Umbrüche noch größeren Ausmaßes, die Akzente setzen? Kardinal Luciani schreibt am 7. Februar 1978:

„Kaum Bischof geworden, geriet ich während einer Sitzung des venetischen Episkopats in eine Art Gewissenskonflikt. Der Vorsitzende, Kardinal Urbani, wollte – wie er sagte – ein Vorhaben Papst Johannes' aufgreifen und schlug vor, daß wir, die Bischöfe der Region, einen Antrag auf Seligsprechung Pius' IX. stellen sollten. Mir hat Pius IX. immer zugesagt: wegen der unzweifelhaft tiefreligiösen Haltung, der glühenden Frömmigkeit, des unerschütterlichen

Gottvertrauens und der Seelenstärke in schweren Prüfungen auf der einen Seite; andererseits wegen seiner liebenwürdigen Leutseligkeit und seiner Ausstrahlungskraft auf das Volk. Aber da war der politische Wechsel ‚vor' und ‚nach' 1848, der Syllabus, der Kardinal Antonelli neben dem Papst, alles Dinge, die man zum Guten auslegen konnte, die aber eine Frage stellten – und stellen: Ist diese Seligsprechung bei den heutigen Strömungen opportun? Ich dachte darüber nach. Papst Johannes kannte als guter Historiker die Geschichte Pius' IX. und mehr als ich; in manchen Dingen war er ihm sehr ähnlich – bis ins Gesicht; wenn ihm die Seligsprechung seines Vorgängers am Herzen lag, mußte er gute Gründe dafür haben. Meine Kollegen, die ich als neu Hinzugekommener diskret fragte, hatten keine Bedenken. Ich unterschrieb die Petition. Jetzt, am 7. Februar (1978), kehrt der hundertste Jahrestag des Todes dieses Papstes wieder, und man bat mich um einen Gedenkartikel nicht wissenschaftlicher, sondern populärer Art. Ich mache es wie vor achtzehn Jahren: nach einigem Zögern greife ich zur Feder und schreibe. Werde ich rückfällig?

Ich sprach von Zögern. Man erzählt sich viele köstliche Geschichten über Pius IX. Sein Vorgänger Gregor XVI., der ganz anders war als er, soll gesagt haben: ‚Im Hause der Mastai sind selbst die Katzen liberal' (damals hatte das Wort liberal einen anderen Klang als heute). Als er Papst geworden war, schlug er eine Amnestie aller politischen Gefangenen vor. Die Kardinalskommission hielt den Gesetzesentwurf für zu großzügig und ließ bei der Abstimmung darüber lauter schwarze, das heißt negative Kugeln in die Urne fallen. Da habe Pius IX. sein weißes Käppchen genommen, die schwarzen Kugeln in der Urne damit zugedeckt und mit einem bezaubernden Lächeln gesagt: ‚Jetzt sind die Kugeln alle weiß.'

Durch solche und viele ähnliche liebenswürdige Episoden, die man sich in aller Welt erzählte, gewann Pius IX. zusammen mit den ersten Maßnahmen seiner Regierung eine ungeheuere Popularität und Sympathie. ‚Er hat der Welt den Kopf verdreht', schrieb Veuillot. In Rom jubelten jeden Tag ein Haufen Leute dem Papst zu, der sich zehn-, zwanzigmal auf dem Balkon zeigen mußte. Pater Ventura, ein berühmter Redner, verkündete in Sankt Peter, daß der neue Papst die Welt befreit habe, wie der große O'Connell Irland befreit habe. In Frankreich schrieb Montalembert: ‚Pius IX. ist das Idol Europas.' Und Lacordaire: ‚Wenn man von Palermo bis Turin, Bologna, Paris, ja von Konstantinopel bis London, von Paris bis New York ruft: Es lebe Pius IX., ist es ein Zeichen, daß das Menschengeschlecht im Innersten ergriffen ist.' Damals prägte Ozanam den berühmten Satz: ‚Laßt uns zu den Barbaren (das heißt zu den Arbeitern) gehen und Pius IX. folgen.' Schließlich schickten ihm der Sultan und der Zar Bekundungen ihrer Sympathie; Mazzini lud ihn ein, sich an die Spitze der nationalen Einheitsbewegung zu setzen; Garibaldi bot ihm von Lateinamerika aus die loyalen Dienste seiner Legion an. Man kann sagen, daß sich am Vorabend von 1848 alle fortschrittlichen Menschen Italiens in der Hoffnung eins waren: alte Feinde der Kirche, von den modernen Ideen angezogene Katholiken, patriotische Geistliche.

Aber fast auf einmal waren in dem begeisterten Chor der Loblieder Mißtöne zu hören. ‚Laßt uns aus Pius IX. den Prachtbullen der Politik machen; erstikken wir ihn unter den Blumen', sagte Mazzini. ‚Es lebe Pius IX. allein', begann das Volk zu rufen. ‚Allein' bedeutete: er ist gut, aber die Mitarbeiter, die sind schlecht, stellen sich zwischen ihn und das Volk, hindern ihn am Fortschritt. ‚Pio nono – Sei buono – Ma ... stai' [Wortspiel; wörtlich: Neunter Pius – Du bist gut – Aber ... steh], das heißt: Laß dich nicht verführen von den Mitarbeitern, meinte in jenen Tagen Pasquino [jene Marmorfigur, an die die Römer ihre Spottsentenzen und Schmähschriften hefteten].

Dann kam der Sturm von 1848. ‚Großer Gott, segne Italien, und erhalte ihm immer das allerhöchste Gut: den Glauben', sagte der Papst in der Ansprache vom 10. Februar. Aber nur die ersten Worte wurden weitergegeben und gepriesen, die letzten wurden vielsagend totgeschwiegen. Bedauert und verurteilt wurden jedoch die Worte, mit denen der Papst wenig später, am 28. April, als Piemont Österreich den Krieg erklärt hatte, sagte: ‚... wir umarmen alle Länder, alle Völker mit der gleichen väterlichen Liebe.' Dann ereigneten sich die Ermordung von Pellegrino Rossi, die römische Revolution, die Flucht nach Gaeta, die Einberufung fremder Söldner zur Verteidigung Roms.

Enttäuscht, verbittert überließ der Papst (kann man sagen) immer mehr die politischen Regierungsgeschäfte Antonelli, widmete sich ganz der religiösen Erneuerung der Kirche, und es schien, wenigstens für damals, der Traum Ozanams von der ‚Allianz zwischen Religion und Freiheit' zusammengebrochen.

Wer war schuld? Die Kirche und eben Pius IX., sagen einige, weil Kirche und Papst unfähig waren, die Geschichte zu begreifen, und zu sehr einer immobilistischen und absolutistischen Vergangenheit verhaftet blieben. Andere sagen: die ‚Revolutionäre' von damals, die kein Verständnis dafür hatten, daß ein Papst unüberschreitbare Grenzen und heilige Interessen zu verteidigen hat, die zu hohe und zu plötzliche Ansprüche an Pius IX. stellten und dadurch seine guten Pläne und großherzigen Neigungen zunichte machten. Persönlich meine ich, daß die Wahrheit vielleicht in der Mitte zwischen diesen beiden Positionen liegt. ‚Vielleicht', und dieses ‚Vielleicht' ließ mich anfangs zögern zu schreiben.

Kein Zögern jedoch, wenn es darum geht, über den Menschen Pius IX. zu sprechen. In seiner Jugend hatte er sich um Aufnahme bei der Nobelgarde beworben (als Papst machte er sich einen Spaß daraus, zu erzählen, wie er beim Karneval 1811 und 1812 im Palazzo Doria beim Fürsten Tournon getanzt habe); später, bereits nach Beginn seiner diplomatischen Laufbahn, dachte er unter dem Einfluß des äußerst frommen Kardinals Odescalchi daran, Jesuit zu werden. Sehr jung (mit sechsundfünfzig Jahren) und überraschend Papst geworden, fuhr er wie als Bischof von Imola fort, in aller Einfachheit mitten unter die Leute zu gehen, irgendeine Einladung zum Essen anzunehmen, irgendein Kind zu taufen. Bisweilen ging er durch die Straßen Roms, lediglich von einem einfachen Monsignore begleitet, manchmal ritt er, manchmal fuhr er im Wagen, aus dem er sich herausbeugte, um zu grüßen, zu segnen, zu plaudern.

So machte er es bis 1870. Am 23. Oktober 1863 zum Beispiel wurde die Maglianabrücke über den Tiber in Anwesenheit des Papstes eingeweiht. Die Chroniken jener Zeit beschreiben, wie er aufmerksam die Vorkehrungen der Arbeiter verfolgt; das Volk umringt ihn; Frauen, Bauern, Kinder klettern Hals über Kopf die Grashänge hinauf und hinunter, um ihn besser zu sehen und irgendeinen Brocken seiner Unterhaltung mitzubekommen. Jemand aus dem päpstlichen Gefolge stellt ihm einen zufällig anwesenden ausländischen Arbeitsminister vor. ‚Gut', sagt Pius IX. zu ihm, ‚so könnt Ihr sagen, daß der Papst nicht immer, in Weihrauch gehüllt, am Beten ist, sondern auch mitten unter seinen Ingenieuren steht und neue Brücken einweiht.'

Im Gespräch gefiel es ihm, heiter zu sein und Scherze zu erzählen. Er hatte drei Geheimkämmerer, unter ihnen Gustav Adolf von Hohenlohe, den späteren Kardinal. Pius IX.: ‚Man sollte es nicht für möglich halten; er hat drei H's im Namen, und kein einziges taugt was.' Er wird vom Leibarzt aufgesucht, der ihn über seinen Gesundheitszustand beruhigt und danach sagt: ‚Heiliger Vater, darf ich eine Gunst erbitten. Ich habe einen bereits großen Sohn, der vom Lernen nichts wissen will, von morgens bis abends nichts tut, nur auf Jagd zu gehen im Kopf hat...' ‚Schon verstanden', unterbricht ihn der Papst, ‚ihr denkt, daß er reif ist, in unsere Verwaltung einzutreten.' Noch viele andere Späße werden ihm zugeschrieben, einige sind wahrscheinlich erfunden. Sie zeigen jedoch das heitere Temperament des Papstes, welcher, wenn er wegen der vielen Tugenden heiliggesprochen werden sollte, als auch mit jener Tugend begabt erscheinen wird, die man *iucunditas* nennt ...

Beim Konzil habe ich folgende Worte unterschrieben: ‚Es gibt in der kirchlichen Gemeinschaft zu Recht Teilkirchen, die sich eigener Überlieferungen erfreuen, unbeschadet des Primats des Stuhles Petri, welcher der gesamten Liebesgemeinschaft vorsteht, die rechtmäßigen Verschiedenheiten schützt...' Was werde ich dann zu Pius IX. sagen, der der Sache der Religion in entgegengesetztem Sinne zu dienen glaubte, der so sehr – bis zur Einförmigkeit – vereinheitlichte und zentralisierte? Es gelang ihm außerordentlich. Vor seiner Zeit gehorchten die Kirchen der Länder dem Papst nur in wichtigeren Angelegenheiten und oft erst nach langen Verhandlungen. Mit ihm jedoch wurde der Papst geliebt, verehrt, und ihm wurde im allgemeinen gehorcht. Selbst seine Mißerfolge wirkten zu seinen Gunsten, indem sie um Pius IX. den Nimbus des Märtyrers schufen. Es genügte ein Wink, und der ‚Peterspfennig' wurde eingerichtet, um ihm zu helfen. Aus den von ihm bevorzugten römischen Universitäten gingen Seminarprofessoren und Bischöfe hervor, die in der ganzen Welt nachdrücklich die Lehre vom Primat des römischen Papstes vertraten. Die päpstlichen Nuntien dienten über die Vertretung des Papstes bei den Regierungen hinaus als Mittelspersonen zwischen Papst und Bischöfen und interessierten sich vor allem für die Bischofsernennungen. Die Liturgie wurde – durch die Impulse Guérangers und anderer – fast überall die römische. Von unseren Tagen her betrachtet, scheint diese gesamte Entwicklung ein wenig übertrieben, aber in jenem Augenblick brachte sie positive Ergebnisse; von einem Rom, das zum lebendig pulsierenden Zentrum geworden war, gingen sowohl erneuernde Kräfte auf die Missionen aus als auch Anstöße zur Internationalisierung der Kirche: bereits 1850 zum Beispiel waren unter zehn neuen Kardinälen sechs Nichtitaliener, ein bis dahin unerhörter Vorgang.

Noch zu Lebzeiten Pius' IX. wurde das Buch ‚Préface au Concile' von Louis Teste veröffentlicht, das erzählt (ich fasse zusammen): Eines Tages erscheint im Arbeitszimmer des Kardinals Antonelli ein Amerikaner, der mit Hilfe eines Dolmetschers davon Kenntnis gibt, daß der Präsident Abraham Lincoln dem Papst Grüße sendet und die Bitte ausspricht, amerikanische Kardinäle zu ernennen. Antonelli war wie vom Donner gerührt. Ein bis dahin unerhörter Gedanke. Er sagte auf italienisch zum Dolmetscher: ‚Der ist verrückt.' Und er läßt dann dem Amerikaner auf englisch sagen: ‚Das wurde noch niemals gemacht.' ‚Ein guter Grund, es jetzt zu machen', antwortete der andere; ‚heute sind die Entfernungen viel kleiner: ein Kardinal kann aus Amerika schneller nach Rom zum Konklave kommen als im Mittelalter aus Spanien.' Antonelli wird honigsüß; sagt: ‚Ich verliere keine Minute, um die Bitte des Präsidenten Lincoln seiner Heiligkeit zu berichten.' In der Tat begibt er sich zum Papst, berichtet, stellt dabei Lincoln und seinen Boten als verrückt hin. Der Papst ist jedoch anderer Meinung. Wenige Monate später hat Amerika seinen ersten Kardinal in der Person des Erzbischofs von New York, John McCloskey.

Alles an Pius IX. also vollkommen? Nein. Die absolute Vollkommenheit findet sich in keinem Menschen, sei er auch heilig oder Papst. Jeder Heilige, jeder Papst hat jedoch seine Aufgabe für eine bestimmte Zeit zu erfüllen. Pius IX. hat inmitten so vieler Umwälzungen seine Aufgabe – so scheint es – mit ganzem Einsatz erfüllt und mit dem Temperament und den Gaben, die Gott ihm gegeben."

„Sucht den Priester, den Seelsorger"

Am 15. März 1953 wurde Giuseppe Angelo Roncalli, der spätere Papst Johannes XXIII., als Erzbischof und Patriarch von Venedig im Markusdom inthronisiert. Fünfundzwanzig Jahre später ruft Erzbischof Luciani, sein zweiter Nachfolger in Venedig, der auch sein zweiter Nachfolger in Rom werden sollte, den Venezianern das Bild ihres früheren und unvermindert geliebten Patriarchen in Erinnerung. Als Johannes XXIII. zum Papst gekrönt wurde, sagte er in seiner Predigt: „Der neue Papst gleicht aufgrund seines ganzen Lebens Joseph, dem Sohne Jakobs, der seine von schwerem Unglück betroffenen Brüder vor sich kommen läßt und sich ihnen voll Liebe und Mitleid offenbart: ‚Ich bin Joseph, euer Bruder.'" Neben die Gestalt des alttestamentlichen Patriarchen stellte er als dessen Erfüllung im Neuen Testament den Guten Hirten. Bruder und Hirt, das wollte er als Papst sein. Sein ganzes Leben wollte er nichts anderes sein als Seelsorger. Das sagte er auch bei seinem Amtsantritt in Venedig, und das gleiche betont Patriarch Luciani in seinem Gedenkartikel über Patriarch Roncalli (veröffentlicht am 15. März 1978):

„Vor fünfundzwanzig Jahren, wie heute am 15. März, hat Kardinal Roncalli in San Marco von der Diözese Besitz ergriffen, die Pius XII. ihm anvertraut hatte. Einen Monat später kam jener, der heute sein unwürdiger Nachfolger ist und hier schreibt, nach Venedig zu einem Treffen der Priester der drei Venetien. Während einer Konferenzpause fragte irgendein Neugieriger den Bischof Gianfranceschi, der den Vorsitz führte, wie es denn mit dem neuen Patriarchen ginge. ‚Besser könnte es gar nicht gehen', antwortete Gianfranceschi. ‚Schon nach einem Monat scheint der neue die Popularität, die seinerzeit Patriarch Sarto gewonnen hatte, zu überflügeln, so sehr haben ihn die Venezianer ins Herz geschlossen. Er hat die Art unserer Leute begriffen, er weiß sie mit Verstand und Humor zu nehmen, spontan und lächelnd mischt er sich unter das Volk und paßt sich jeder Schicht von Menschen an. Während die führenden Leute an ihm das Fingerspitzengefühl und die Erfahrung des alten Diplomaten schätzen, betrachten ihn die einfachen als den ihren, weil sie sehen, daß er sein Herz auf der Hand hat, und weil sie wissen, daß er armer Leute Kind ist.'

Das Urteil Gianfranceschis traf genau zu, und die fünf Jahre des Wirkens Roncallis in Venedig, die jenem ersten Monat folgen sollten, haben es nicht widerlegt, sondern vollkommen bestätigt. Die Venezianer hat er sofort ‚erobert' durch die einfache Art, sich zu geben, und durch eine Redeweise, die man nicht erwartete und die unmittelbar zu Herzen ging. ‚In Venedig', hatte er sich auf lateinisch an die Priester gewandt, ‚heißt der Bischof Patriarch. Dieser Name bedeutet dreierlei: ehrwürdiges Alter, längere Lebenserfahrung, Väterlichkeit, die von Güte durchdrungen ist und Fröhlichkeit ausstrahlt. Die Vorsehung hat mir die erste und zweite Eigenschaft gegeben – ich bin alt und habe ein längeres Leben hinter mir. Das dritte aber, eine mit ruhigem Starkmut verbundene Milde, das suche ich seit Jahren zu erreichen, und das werde ich auch weiter zu suchen haben.'

Zum Volk sprach er noch deutlicher: ‚Neugierig habt ihr mich erwartet. Da wurden Dinge über mich gesagt und geschrieben, die weit über das hinausgehen, was ich verdiene. Ich stelle ganz einfach mich selbst vor, ein Mensch wie jeder andere, der hier unten lebt: mit der Gnade einer guten körperlichen Gesundheit, mit einer gewissen Portion Menschenverstand, der mich die Dinge schnell und klar sehen läßt; mit einer Neigung, die Menschen zu lieben in Treue gegenüber dem Gesetz des Evangeliums und in Achtung vor dem Recht von anderen und von mir. Diese Veranlagung hindert mich, irgend jemandem wehtun zu wollen, und drängt mich, allen Gutes zu tun ... Ich empfehle eurem Wohlwollen einen Menschen, der einfach sein möchte und vor allem euer Bruder, zugänglich, verständnisvoll, liebevoll. Ich nehme mir fest vor, in dem fortzufahren, was man bisher geschätzt hat und was vielleicht dazu beigetragen hat, daß ich jetzt in Venedig bin bei Menschen, die besonders empfänglich sind für die Stimme des Herzens, für ein einfaches Reden und Auftreten, für aufrichtige und herzliche Beziehungen ... Das ist also nun der

Mensch und neue Bürger, den Venedig so freundlich und festlich empfangen hat.'

Die Zeitungen haben in jenen Tagen den Akzent auf seine Tüchtigkeit als Diplomat in Frankreich gelegt. Das war nicht der Gesichtspunkt, unter dem er gern von seinem neuen Volk gesehen werden wollte. Alle Weihrauchwolken wollte er absichtlich zerstreuen und sagte: ‚Seit meiner Geburt habe ich nichts anderes gedacht, als Priester zu werden ... Wenn ihr auf euren Patriarchen schaut, sucht den Priester, den Diener der Gnade und nichts anderes, weil er in seinem Amt diese Berufung erfüllen will, die ihm von Gott gegeben. Folglich will sein Wirken priesterlich sein.' Und er fuhr fort, nochmals betonend: ‚Seit ich junger Priester war, suchte ich nichts anderes, als Dorfpfarrer in meinem Bistum zu werden... Schaut auf euren Patriarchen nicht als auf einen Politiker, einen Diplomaten, sucht den Priester, den Seelsorger... O Herr, darum bitte ich: das Leben für meine Kinder von Venedig geben zu können.'

Das sagte er öffentlich; dasselbe sagte er auch insgeheim zu sich selbst. Zwei Monate später schrieb er während der Exerzitien in Fietta in sein Geistliches Tagebuch: ‚Welch eine Veränderung um mich her seit dem April des vergangenen Jahres, als ich im Schatten des Sacré-Cœur auf dem Montmartre in Paris innere Sammlung suchte, bis zum Mai dieses Jahres, da ich mich hier am Fuße des Monte Grappa als Kardinal und Patriarch von Venedig befinde! ... Es ist interessant, daß die Vorsehung mich dorthin zurückgeführt hat, wo meine priesterliche Berufung ihren Anfang nahm, in den Dienst der Seelsorge. Heute stehe ich wirklich voll und ganz im Dienst an den Seelen. Eigentlich habe ich immer geglaubt, daß die sogenannte Diplomatie bei einem Priester von seelsorgerlichem Geiste erfüllt sein muß; anders ist sie bedeutungslos und wendet einen heiligen Auftrag ins Lächerliche. Jetzt habe ich es unmittelbar mit den wahren Anliegen der Kirche zu tun, gemäß ihrer Bestimmung, die Seelen zu retten und sie zur Seligkeit zu führen. Das genügt mir, und dafür danke ich dem Herrn ... Mein Tag soll immer vom Gebet getragen sein; das Gebet soll mein Atem sein. Ich habe mir vorgenommen, alle Tage den ganzen Rosenkranz mit allen fünfzehn Gesätzchen zu beten, wenn möglich in der Kapelle, vor dem allerheiligsten Altarsakrament, um so dem Herrn und seiner heiligsten Mutter die schweren Nöte meiner geliebten Söhne und Töchter aus Venedig und der Diözese anzubefehlen: den Klerus, die jungen Seminaristen, die gottgeweihten Jungfrauen, die Verantwortlichen des öffentlichen Lebens und die armen Sünder.'

Also ein frommer Patriarch? Ja, aber von einer menschlichen Frömmigkeit nach der Art des Franz von Sales; der wollte keine Tugend, welche die anderen erdrückt, sondern eine liebenswerte, lächelnde Tugend, und er nahm sich vor, im Leben weder mehr noch weniger von dem zu tun, was auch die anderen tun, es jedoch zu tun auf heiligmäßige Art, bei der die menschliche Natur nicht zerstört, sondern nur mit Gottes Hilfe geläutert und erhoben wird.

Hierzu könnte man eine ganze Sammlung von ,Fioretti' über den Patriarchen Roncalli zusammenstellen. Ich erzähle nur eine Geschichte von vielen. Es war in Rom am 30. Oktober 1953. Am Tag zuvor hatte unser Patriarch zusammen mit vier anderen Kardinälen in Castelgandolfo den roten Kardinalshut erhalten, über den er sagen sollte: ‚Denkt nicht, ihr Venezianer, ihr würdet mich mit jenem Hut auf dem Kopf zu sehen bekommen; der wird in der Öffentlichkeit lediglich hinter meiner Leiche hergetragen, wenn ihr mich irgendwo zur Beerdigung bringt.' Es war also in Rom beim Festessen; Trinksprüche werden ausgebracht. Einer ging ungefähr so: ‚Ein großer Hut, aufs höchste verdient: wegen der großen Verdienste Roncallis für die Kirche, wegen der hohen Bildung, die ihn auszeichnet, wegen der priesterlichen Frömmigkeit, die ihn ziert. Und auch wegen der Schönheit und Stattlichkeit seiner Gestalt. Gestern hat man das gesehen: im Kreise der fünf Purpurträger fiel er auf wegen seiner Stattlichkeit, Schönheit usw.' Es kam der Augenblick unseres Kardinals. Stehend antwortete er, allen liebenswürdig dankend. Dann: ‚Unter soviel Lobesworten hat eines mich getroffen. Seit vielen Jahren bringt mich die Pflicht der täglichen Toilette vor den Spiegel. Und jeden Morgen sage ich mir: Armer Angiolino mio, weißt du, daß du ziemlich häßlich bist? Heute dagegen sagt man mir zum erstenmal, daß ich schön sei. Die Sache macht mir bestimmt Vergnügen, gibt mir aber auch zu denken. Wenn die anderen Lobesworte, die sie dir gesagt haben, genausoviel Wahrheit enthalten wie dieses, armer Angelo, sie haben dich schön reingelegt.' Die Geschichte wurde mir vom verstorbenen Msgr. Olivotti erzählt, der bei jenem Essen dabei war.

Von persönlichen Erlebnissen kann ich nur wenig berichten. Ich habe mit dem Patriarchen Roncalli wenige Male und sehr kurz gesprochen. Die Tatsache, daß er persönlich mich zum Bischof weihen wollte, war eine Ehrerweisung nicht für mich, sondern für die Bischöfe von Veneto. Nachdem er Papst geworden war, sagte er zu Msgr. Bortignon, dem Bischof von Padua: ‚Urbani soll nach Venedig gehen; nach Verona schicken wir Carraro; Sie bleiben in Padua, und dann muß man uns noch einen guten Priester aus Padua nennen, den wir nach Vittorio Veneto schicken.' Bortignon – er hat es mir selbst gesagt – dankte für die Padua erzeigte Ehre, erlaubte sich aber, meinen Namen vorzuschlagen. Papst Johannes stimmte nicht nur zu, sondern ließ wenige Tage später telefonieren, daß er selbst den neuen Oberhirten von Vittorio Veneto weihen wolle zusammen mit den beiden Bischöfen von Padua und Belluno als Gunsterweis gegenüber Veneto.

Das einzige lange, vertrauensvolle Gespräch mit Papst Johannes hatte ich in jenen Tagen der Weihe zu Rom. Er sagte mir mit einer vertrauensvollen Offenheit, die mich armen Priester und Bischofskandidaten verwirrte, verschiedene Dinge, die ich hier nicht wiederholen kann. Er gab mir auch wie ein Vater praktische Ratschläge. Unter anderem: ‚Ich weiß, daß Sie Theologie gelehrt haben und andere schöne Dinge, aber die Schule ist eines, und etwas anderes ist die Seelsorge. Geben Sie darum acht, ins Praktische herunterzusteigen, einfach und klar zu reden. Und bleiben Sie ein Mensch, der von sich selbst gering denkt. Während eines Exerzitienkurses im Seminar waren Wir beeindruckt von einer Stelle der Nachfolge Christi, die Wir nicht mehr vergessen haben. Wir wollen sie zu gemeinsamem Nutz und Frommen wieder lesen.' Er holte aus der Schublade ein kleines Buch, schlug es auf und las: ‚Drittes Buch, dreiundzwanzigstes Kapitel. Vier Dinge, die großen Frieden bringen. Erstens: Sei bemüht, mein Sohn, lieber den Willen eines anderen zu tun als den deinen. Zweitens: Entscheide dich immer dafür, weniger zu besitzen als mehr. Drittens: Suche immer den letzten Platz und allen untertan zu sein. Viertens: Wünsche immer und bete, daß sich der Wille Gottes an dir erfülle.'

Hier endet mein Artikel. Der ihn von mir haben wollte, erhoffte sich vielleicht von mir etwas mehr. Es ist bloß dies hier gekommen. Ich kann jedoch sagen: es ist aus ganzem Herzen gekommen, mit großem Bedauern, nicht mehr geschrieben zu haben, wie es angebracht gewesen wäre, sowohl wegen des außergewöhnlichen Menschen, von dem ich sprach, als auch wegen des Datums vom 15. März, der ein Meilenstein in der Geschichte Venedigs ist."

Täglich ein Stück sterben

Johannes XXIII. hat – angefangen von 1895 bis wenige Monate vor seinem Tod – Notizen zum inneren Leben, Vorsätze und Betrachtungen anläßlich von Exerzitien und Einkehrtagen aufgeschrieben: ein einzigartiger Fall eines geistlichen Tagebuchs in der Geschichte der Päpste. Als sein Sekretär Loris Capovilla ihn 1961 fragte, ob er diese Notizen nach dem Tod des Papstes veröffentlichen dürfe, antwortete dieser: „Meinetwegen. Zuerst widerstrebte es mir, daß meine persönlichen Aufzeichnungen veröffentlicht und gedruckt würden ... Ich verstehe gut, daß man von einem Papst alles wissen will und daß alles für die Geschichte verwertbar ist. Aber meine Seele, das, was mehr als jede andere Schrift mein Eigenstes ist, ist in diesen Blättern."

Als Kardinal Luciani zum fünfzehnten Todestag Johannes' XXIII. am 3. Juni 1978 schrieb, las er in diesem Geistlichen Tagebuch nach, wie jener Papst sein Leben hindurch sich auf den Tod vorbereitet hat. Er konnte nicht ahnen, wie plötzlich er selbst sterben sollte, aber er hat sicherlich das ergreifende Beispiel Johannes' XXIII. nicht nur den Lesern der Zeitung vor Augen stellen wollen, sondern auch sich selbst. Dieser Papst sprach ja oft von seinem Tod. Vielleicht hat sich Luciani auch der Worte erinnert, ohne sie ausdrücklich zu erwähnen, die Johannes XXIII. als neugewählter Papst am 23. November 1958 bei der Besitzergreifung der Lateranbasilika sagte: „Wir haben nicht das Recht, einen langen Weg vor uns zu sehen ... Wer seinen Blick immer vertrauensvoll auf Gott richtet, für den gibt es keine Überraschungen, nicht einmal die Überraschungen des Todes. Der Tod ist heilig, weil er den Weg zur Herrlichkeit und zur ewigen Seligkeit auftut."

Der Patriarch von Venedig, Kardinal Luciani, stellte seinen Gedenkartikel unter die Überschrift „Jeden Tag einen Schritt" und schrieb dann:

„Daniello Bartoli, der Schriftsteller, den schon Leopardi, Tommaseo und Carducci so bewundert haben, schrieb unter seinen sehr vielen Büchern eines mit dem Titel ‚Der Mensch am Punkt', das heißt am

Punkt des Todes. Darin sagt er im Grunde: Das größte Problem des Lebens ist, gut zu sterben, und gut lebt, wer jeden Tag stirbt, um in der Ewigkeit wiedergeboren zu werden. Das Buch fand großen Widerhall. Es war das 16. Jahrhundert. Die Altarbilder jener Zeit stellen Heilige dar, die – mit einem Totenschädel in der Hand – über den Tod meditieren. Manche Kirchen wurden mit Totengebeinen geradezu geschmückt. Auf dem Grabmal des Kardinals Barberini steht geschrieben: ‚Hic iacet pulvis et nihil – Hier liegt Staub, sonst nichts.'

Ganz anders unser Jahrhundert. Die Menschen haben offensichtlich wenig Lust, an den Tod zu denken. Und dennoch ging 1963 eine starke Erschütterung durch die ganze Welt, als Johannes XXIII. ‚am Punkt' war. Dieser Tod weckte bei vielen das Gefühl, der alte Papst habe, als er uns am 3. Juni 1963 verließ, unsere Seele in einer größeren Gottesnähe und die Welt bewohnbarer hinterlassen.

Wenige Tage später stand in der Zeitschrift ‚Epoca' folgender Leserbrief: ‚Ich bin immer ein Ungläubiger gewesen, ein Kommunist. Aber ich schäme mich nicht, zu sagen, daß während des Todeskampfes des Papstes auch ich gebetet habe. Ich kannte keine Gebete mehr und mußte sie mir von meinem Sohn sagen lassen. Ich habe mich niemals von etwas rühren lassen, aber der heitere Frieden seines Todes hat mich umgeworfen. Johannes XXIII. starb ohne Angst. Wer gab ihm diese Heiterkeit, diesen Frieden? Sicher Jener, den es geben muß. Verzeih mir, lieber Papa Giovanni, mein lieber bergamaskischer Landsmann. Ich bin nie dein Freund gewesen, doch dein Sterben und dein Tod haben mich ein wenig über alles nachdenken lassen, haben mein Gewissen erschüttert. Ich bin dir nie gefolgt, Papa Giovanni. Ich habe deine Worte nie gehört. Jetzt aber, wo du auch immer sein magst, verspreche ich dir, daß ich deinem Beispiel folge und an dich die Gebete richte, die mir mein Sohn an deinem Todestag gesagt hat ... Und wenn auch ich in der letzten Stunde gerufen werde, dann laß mich sterben wie du!'

Man kann sagen: was Bartoli vorschlug, nämlich täglich ein Stück zu sterben, das hat Papst Johannes bewußt von Jugend an gelebt.

Mit zwanzig Jahren schreibt er als Seminarist: ‚Der Gedanke an den Tod könnte mir dazu dienen, mich mit ernsteren Dingen zu befassen. Nieder mit der Eigenliebe, den ehrgeizigen Anwandlungen der Eitelkeit ... Man stirbt, man stirbt, und ich lege Wert auf solche Nichtigkeiten ... Wenn ich sogar Papst wäre, was bin ich, wenn ich vor dem göttlichen Richter erscheinen muß ... Was bin ich?'

Vor den Prüfungen zur Diakonatsweihe: ‚Der Gedanke an meine Prüfungen plagt mich ... Wie töricht bin ich nur ... Weniger Angst vor den irdischen Prüfungen und mehr Eifer, Verdienste zu erwerben und gute Werke zu tun, damit ich vor dem Richterspruch Gottes weniger zittern muß.'

Im Mai 1915, bevor er zum Militärdienst eingezogen wurde: ‚Wohin wird man mich schicken? Ich weiß nichts. Ich will nur eines: immer und überall den Willen Gottes erfüllen und mich selber zu seiner größeren Ehre aufopfern ... Der Geist ist willig und froh.'

Beim silbernen Priesterjubiläum: ‚Noch fünfundzwanzig Jahre? Der Herr gebe es, wenn das zu seiner

Ehre ist. Aber bei allem finde uns der letzte Richterspruch in der Gegenwart Gottes.'

Als Nuntius in Frankreich: ‚Das ist die Zeit der Reife. Ich muß also mein Bestes tun und bedenken, daß mir vielleicht nur noch wenig Zeit beschieden ist... Ezechias wandte sich, als der Gedanke auf ihn zukam, zur Mauer und weinte. Ich weine nicht. Nein, ich weine nicht... ich vertraue der Barmherzigkeit des Herrn alles an, was ich mehr oder minder gut vollbracht habe, und sehe der Zukunft entgegen... Ich will, daß die mir noch zustehende Zeit geheiligt wird und mir zur Heiligkeit dient.'

Als Patriarch von Venedig: ‚Ich will, ich denke nichts anderes, als für die mir anvertrauten Seelen zu leben und zu sterben... Ich beginne mit meinem Wirken in der Seelsorge in einem Alter – zweiundsiebzig –, in dem andere es abschließen... Ich fühle mich in der gleichen Lage wie der heilige Aloisius von Gonzaga. Ich führe meine Arbeit fort, ich bemühe mich alle Zeit um meine Vervollkommnung, mehr noch aber denke ich an die göttliche Barmherzigkeit.'

Ich könnte noch weitere solche Zitate aus dem ‚Geistlichen Tagebuch' und aus den ‚Briefen an die Familie' anführen. Doch es ist immer das gleiche: der Gedanke an das eigene Ende, verbunden mit den Gründen christlicher Hoffnung und mit dem Vertrauen auf Gott, ist Roncalli immer gegenwärtig bis zu seinem Tod. Im Dezember 1961 schreibt er seinem Bruder Saverio: ‚Meine persönliche Ruhe, die in der Welt soviel Eindruck macht, liegt nur in diesem Vertrauen. Immer bereit sein zu gehorchen, wie ich es immer getan habe, und nicht wünschen oder bitten, länger leben zu dürfen, auch nicht einen Tag länger, als bis der Todesengel kommen wird, mich zu rufen und mich – wie ich hoffe – in das Paradies heimzuholen.'

Und er kam ,an den Punkt'. Als junger Sekretär hatte er ein Versprechen eingelöst, das er seinem Bischof Radini gemacht hatte. Schweren Herzens hatte er ihm auf dem Totenbett mitgeteilt, daß das Leiden (es handelte sich um Krebs) unheilbar war. Johannes XXIII. hatte sich später von seinem Sekretär denselben Liebesdienst versprechen lassen. Am Abend des 31. Mai 1963 erfüllte Msgr. Capovilla, ebenfalls schweren Herzens, seine Pflicht: ,Heiliger Vater... ich erfülle dieselbe Aufgabe, die Sie bei Bischof Radini erfüllt haben... Die Stunde ist gekommen. Der Herr ruft Sie.'

Und der Kranke sagte nach kurzem Überlegen: ,Es wird gut sein, das Urteil der Ärzte zu hören.' – ,Dies ist das Urteil der Ärzte, Heiliger Vater, es ist das Ende.'

,Also wie Bischof Radini... und es wird auch die Operation geben?' – ,Nein, es ist nicht nötig. Die Peritonitis hat Ihre große Widerstandskraft besiegt.'

Der Sekretär ist zutiefst erschüttert. Doch der Papst beruhigt ihn, gibt genaue Anweisungen, sagt zu den Umstehenden: „Helft mir sterben, wie es sich für einen Bischof, einen Papst gehört." Sein Ende war ein Trost. Es kam nach drei Tagen, am Abend des 3. Juni, nachdem er immer wieder gesagt hatte: ,Herr, du weißt, daß ich dich liebe!'

Fünfzehn Jahre nach jenem Tag kann man dazu nur eins sagen: ,So stirbt man.'"

Am 6. August wird von alters her in der Kirche das Fest der Verklärung des Herrn gefeiert; es ist in Rom gleichzeitig das Titularfest der Lateranbasilika, der Kirche des Papstes als Bischofs von Rom. Am 6. August 1978 starb Paul VI. nach einem fünfzehnjährigen Pontifikat. In der kurzen Ansprache zu diesem Tag, die vorbereitet war, die er aber nicht mehr halten sollte, stand unter anderem: „Das Licht, das Christus umflutet, ist jetzt und künftig auch unser Anteil an seiner Hinterlassenschaft und Herrlichkeit. Wir sind berufen, solche Herrlichkeit zu teilen, um ‚an der göttlichen Natur Anteil' zu nehmen. Ein unvergleichliches Geschick erwartet uns, wenn wir unserer christlichen Berufung treu bleiben."

Zwei Tage später, am 8. August 1978, erscheint der folgende Artikel in der Tageszeitung Venedigs, geschrieben vom Erzbischof von Venedig, Kardinal Luciani:

„Für mich ist der wahre, authentische Paul VI. jener, den wir Venezianer 1972 in Venedig gesehen und gehört haben: informiert über die Probleme, die er taktvoll und geistvoll darlegen konnte. Es ist der Papst, dem ich bei den Privataudienzen begegnete: nicht traurig und pessimistisch – wie manche ihn dargestellt haben –, sondern optimistisch, lächelnd und manchmal sogar scherzend. Für mich ein großer Papst, der aber seinen Auftrag in schwierigen Zeiten zu erfüllen hatte. Über ihn schrieb Kardinal Höffner: ‚Du bist gekrönt worden mit Dornen.' Und A. Carlo Jemolo: ‚Paul VI. ist ein Märtyrer, der, dem Willen

Gottes unterworfen, eines der schmerzlichsten Pontifikate auf sich nimmt, die die Geschichte kennt, handelt es sich doch um den Zerfall einer Gesellschaft, die auf der Grundlage der christlichen Wertordnung beruhte.' Und bildhafter sagte Kardinal König von Wien: ‚Die Zeiten sind derart schwierig, daß man beim nächsten Konklave zum Stock wird greifen müssen, damit einer der Kardinäle die Leitung der Kirche annimmt.'

Gewählt, nachdem das Zweite Vatikanische Konzil begonnen hatte, mußte er dieses Konzil zum Abschluß bringen und dessen schwierige Durchführung in die Wege leiten. Das erforderte von ihm vor allem dreierlei: eine ununterbrochene, verpflichtende Lehrunterweisung, einen in früheren Zeiten unbekannten Dialog, Treue zum Konzil.

Als Lehrmeister des Glaubens verstand es Paul VI., die Offenbarung Gottes umfassend darzulegen, wobei er nach und nach die wichtigsten Punkte behandelte. Sein Lieblingsthema ist die Kirche. Gewiß, sagt er, ist die Kirche Volk Gottes, aber auf dieses Volk dürfen nicht die Kategorien des anderen ‚Volkes', nämlich des Staates, angewendet werden. Im modernen Staat kommt die Autorität von der ‚Basis': sie wählt ihre Abgeordneten, überträgt ihnen die Macht, deren Ausübung sie kontrolliert und gegebenenfalls zurücknimmt. In der Kirche ist es anders. Christus hat ein für allemal die Grundzüge festgelegt. Christus selbst und nicht die ‚Basis' überträgt dem Papst und den Bischöfen die Autorität, wobei er auch die Weise, wie sie auszuüben ist, bestimmt, und zwar im Stil des Dienstes, zum völligen und alleinigen Wohl der Gläubigen, die als die kleineren Brüder der Hirten und weniger als Untergebene erscheinen, die im Schiff der Kirche nicht als Passagiere mitfahren, sondern als mitverantwortliche Besatzung.

Paul VI. sprach oft auch von Ortskirche oder Diözese. Sie ist nicht ein Stückchen der Universalkirche, sozusagen eine Provinz eines Reiches, die, mit anderen Provinzen zusammengenommen, das Reich selbst bildet; vielmehr ist sie ein Zentrum, in dem sich die universale Kirche mit allen wesensnotwendigen Elementen darstellt: der Feier der Eucharistie, dem Heiligen Geist, der in den seinen Eingebungen folgenden Getauften wirkt, sowie der Gemeinschaft der Gläubigen untereinander und mit dem Papst und dem Bischof. Heute legt man den Akzent auf die Aufgabe, welche die Eucharistie gegenüber der Kirche hat; wenn die Kirche die Eucharistie macht, sagt man, dann macht auch die Eucharistie die Kirche. Das ist wahr, aber man darf – fügte Paul VI. hinzu – nicht die anderen einheitsstiftenden Elemente vergessen; zum Beispiel: es ist gut, daß die Ortskirchen ihre Eigenheit haben; man mag auch sagen, daß Einheit nicht Einförmigkeit ist; es ist jedoch gefährlich, die Bindungen mit Rom zu lockern. Chesterton sprach von jenen Kindern, die glücklich und sicher auf einer von hohen Mauern umgebenen Insel Ball spielten. Es kamen Leute und sagten: ‚Warum diese Mauer? Sie schränkt euch ein, sie erniedrigt euch; reißt sie herunter!' Man hörte auf sie, die Mauer verschwand, aber jetzt landete der Ball beim Spielen ständig im Wasser, und die Kinder hatten nicht mehr das Glück und die Sicherheit von vorher. Mauer der Verteidigung ist der Papst; auch für die Bischöfe. Das hat der heilige Avitus, Bischof von Vienne, gespürt, als er im Namen des ganzen gallischen Episkopats erklärte: ‚Wenn der Bischof von Rom in Frage gestellt wird, gerät nicht ein Bischof ins Wanken, sondern der ganze Episkopat.'

Als Papst des Dialogs erscheint Paul VI. von seiner ersten Enzyklika ‚Ecclesiam suam' an, wo er von drei berühmten konzentrischen Kreisen spricht.

Erster Kreis des Dialogs: die Nichtglaubenden. Die Rechte und die Interessen der Wahrheit und der Religion, die Liebe zu den Menschen, die Treue zum Evangelium gebieten eine freimütige Verurteilung jeder atheistischen Weltanschauung. Paul VI. sprach sie ohne halbherzige Wendungen aus, aber man fragt sich: Kommt dieses Phänomen des Atheimus, ‚das schwerwiegendste unserer Zeiten', nicht auch durch unsere Schuld? Haben wir uns nicht als erste verfehlt, indem wir uns auf die bloße Verurteilung des Bösen beschränkten und Abscheu und Ärgernis mit unserem Verhalten als egoistische, mittelmäßige Christen erregten? Sicherlich, auf weltanschaulicher Ebene stellt sich der Dialog mit den Nichtglaubenden – der Papst sagte es – oft als so schwierig heraus, daß er fast unmöglich erscheint. Etwas anderes ist der Dialog über die Entwicklung der Völker, des Friedens und anderer Dinge. Hier kannte der Dialog Pauls VI. nur die Grenzen, die von der Klugheit und von der Ablehnung der anderen auferlegt werden: vor den Vereinten Nationen hat er den Eintritt Chinas in die UNO vorgeschlagen; er hat Telegramme an die Verantwortlichen in Moskau, Peking und Hanoi wegen des Friedens in

Vietnam geschickt; vor etwa einem Jahr empfing er in Audienz den Sekretär der ungarischen kommunistischen Partei, Kadar. Manche wunderten sich darüber. Gleichsam als Antwort erklärte der Papst, daß er bei der Anwendung ‚auch kühner Entscheidungen' sich allein von den tiefen Erfordernissen der religiösen, ‚auf das Ewige' gerichteten Mission der Kirche habe leiten lassen und sich im übrigen dem Urteil Gottes und der Geschichte anheimstelle. Ihm wird recht gegeben werden. Heute sind die großen Probleme der Menschheit so schwierig und verwickelt, daß sie nur unter Mithilfe aller gelöst werden können: weltweite Probleme verlangen weltweite Bemühungen und auch die Bemühung einer Kirche, die – das Evangelium in der Hand – ‚Experte für Menschlichkeit' ist.

Zweiter Kreis des Dialogs: die an Gott Glaubenden: Juden, Moslems, die großen afro-asiatischen Religionen. Gewiß ist die Religion, mit der Gott von den Menschen verehrt werden will, nur eine. Es bleiben jedoch, sagte der Papst, die Rechte des guten Glaubens dieser Gläubigen; es bleibt unsererseits die Pflicht, die großen sittlichen und geistlichen Werte der nichtchristlichen Religionen zu achten, und es bleibt geboten, mit vereinten Kräften die gemeinsamen Ideale der menschlichen Brüderlichkeit, der Freiheit und der gegenseitigen Hilfe zu fördern und zu verteidigen. Vor einem Jahr empfing Paul VI. eine Gruppe von achtundzwanzig buddhistischen Japanern. Das wäre unmöglich gewesen in Zeiten, in denen die ‚Christenheit' der ‚nichtchristlichen Welt' entgegengesetzt erschien; damals konnte der Papst, auch wenn er es nicht gewollt hätte, in die ‚Kreuzzüge gegen die Ungläubigen' und in Religionskriege verwickelt erscheinen oder sein. Heute erscheint der Papst, auch bei vielen Nichtchristen, als ein Mann über den Ländern, die politisch im Gegensatz zueinander stehen.

Dritter Kreis des Dialogs: die nichtkatholischen Christen. Mit ihnen haben wir viele Dinge gemeinsam; stellen wir sie heraus, sagt der Papst. Bei anderen Dingen bestehen Unterschiede? Wenn es sich um Gesetze oder Gebräuche handelt, die von der Kirche eingeführt wurden, achten wir bei aller gebotenen Klugheit darauf, für eventuell angebrachte Änderungen bereit zu sein. Was ein Papst ‚versiegelt', kann ein anderer Papst ‚entsiegeln'. Wenn es sich jedoch um Dinge handelt, die von Christus selbst angeordnet wurden, treffen wir uns mit den getrennten Brüdern, studieren wir zusammen die verschiedenen Gesichtspunkte; es könnte sich ergeben, daß die Dinge weniger auseinandergehen, als es im ersten Augenblick und in der Phase der Auseinandersetzung schien. So erklären sich die Begegnungen des Papstes mit Athenagoras, mit Ramsey, Coggan und anderen Vertretern nichtkatholischer Kirchen. Hierbei hat der Papst, ohne sich von den Schwierigkeiten entmutigen zu lassen, ohne sich zu Kompromissen über die Wahrheit herzugeben, höchste Liebe und inständiges Verlangen nach Einheit gezeigt; er ist bis zu der ergreifenden Geste gegangen, dem orthodoxen Metropoliten Meliton von Chalkedon die Füße zu küssen.

Die Treue zum Konzil wird vielleicht das hervorstechende Merkmal des Pontifikats Pauls VI. bleiben. Die Liturgiereform, die Internationalisierung der Römischen Kurie und des Kardinalskollegiums, die Verjüngung des Konklaves, die Vereinfachung des Päpstlichen Hofes durch Abschaffung von Bräuchen und Aufgaben, die heute überholte Reste einer vergangenen Geschichte sind, die regelmäßige Abhaltung der Bischofssynoden, die Vorbereitung der Kodexreform entsprechend einem mehr pastoralen Geist sind einige der mutigsten Durchführungen des Konzils. Aber wieviel haben sie gekostet! Die Liturgiereform zum Beispiel erschien so logisch und doch nicht. Da ist Lefebvre, der nicht gehorcht und dabei beteuert, allergehorsamst zu sein, wie jener mittelalterliche Bischof, der vor dem Heiligen Stuhl versicherte: filialiter et oboedienter non oboedio, contradico et rebellio (kindlich und gehorsam gehorche ich nicht, ich widerspreche, und ich rebelliere). Gegenüber Lefebvre hat sich Paul VI. gleichzeitig fest und langmütig gezeigt, und er tat sein Mögliches, um den unseligen Bruch in Wahrheit und Liebe wieder zu heilen. Nach langen, vergeblichen Versuchen hat er voller Schmerz einen Bischof a divinis suspendieren [das Recht auf Ausübung der durch die Ordination erlangten Weihegewalt entziehen] müssen, den er als Bruder liebt. Festigkeit, Geduld und Suspension haben sich bei den ganz anders liegenden, aber ebenso schmerzlichen Fällen des früheren Abtes Franzoni und des Salesianerpaters Giulio Girardi wiederholt. Dies sind die bekannter gewordenen „Fälle"; es hat weitere gegeben. ‚Wir wollen keine kanonischen Gesetze in einer Kirche des

Geistes', riefen einige. ,Wir wollen sofort den neuen Kodex', sagten andere. Die Mitarbeiter des Papstes antworteten den einen wie den anderen: ,Habt ein wenig Bescheidenheit und Geduld; wir sind bei der Arbeit am neuen Kodex mit pastoralen Intentionen, in Kommissionen nehmen daran Fachleute aus der ganzen katholischen Welt teil. Eile kann bei dieser höchst empfindlichen Arbeit nur schaden. Mit Montesquieu müssen wir sagen: Gesetze muß man anrühren mit zitternder Hand.'

,Das Haus des Papstes darf keine Hofhaltung sein', sagten einige. ,Paul VI. hat die erworbenen Rechte und die Verdienste unserer Familien mißachtet', sagte umgekehrt die ,schwarze Aristokratie', die sich alter Privilegien beraubt sah. ,Man gebe mehr Raum den jungen und armen Kirchen', hieß es von der einen Seite. ,Aber es ist schon zuviel gegeben worden', von der anderen: den Bischofssynoden; zum Beispiel verfügen Burundi und andere kleine Bischofskonferenzen Afrikas, Amerikas und Asiens jede über eine oder zwei Stimmen. Das alte Italien mit dreihundert Bischöfen verfügt kaum über vier Stimmen; das alte Frankreich, auch die erstgeborene Tochter der Kirche genannt, hat vier Stimmen, und so weiter. Der Papst war glücklich darüber, daß die jungen Kirchen hervorgehoben würden und ihre Stimmen kräftig zur Geltung bringen könnten.

Nun ist er zum Herrn heimgegangen. Wir spüren, daß mit ihm der Hauch des Heiligen Geistes über die Kirche und die Welt ging. Nach uns, wenn die Zeit kommt, wird die Geschichte seine große Gestalt ins Licht stellen."

Siebtes Kapitel:
„Gott vergebe euch, was ihr mit mir gemacht habt"

Wenn ein Papst stirbt, hält die pilgernde Kirche auf ihrem Gang durch die Zeit gleichsam einen Augenblick inne, auf das letzte Stück des Weges zurückblikkend und gleichzeitig sich fragend, wie es weitergehen wird. Als Paul VI. am 6. August 1978 starb, endete ein fünfzehnjähriger Pontifikat, der sich vor übergroße Aufgaben, schier unlösbare Schwierigkeiten und die unterschiedlichsten Erwartungen gestellt sah. Die Chronik seiner Amtszeit ist dicht gefüllt, und es wird noch einige Zeit vergehen, bis das Ausmaß und die Auswirkungen seiner Amtszeit deutlicher zu sehen und zu würdigen sind. Dann wird sich auch zeigen, welche Züge der Nachwelt als die markantesten in Erinnerung bleiben: der Papst des Konzils, des Dialogs, der Reformen – der Papst der beschwörenden Friedensappelle, der kühnen Initiativen, der entschiedenen Glaubensverkündigung, ob gelegen oder ungelegen – der vorangehende, der zögernde, der verkündigende, der betende, der leidende Papst? Auf jeden Fall gehört sein Pontifikat zu den bedeutendsten dieses Jahrhunderts, und in der Reihe der großen Papstpersönlichkeiten der letzten hundert Jahre ist Paul VI. ebenfalls ein großer Papst.

Wie wird es weitergehen, wer wird sein Nachfolger werden? Diese von sehr vielen gestellte Frage kann nur von sehr wenigen beantwortet werden, von den Kardinälen; ihnen allein steht es zu, den neuen Papst zu wählen. Die wesentlichen Züge des Papstwahlrechts wurden schon vor rund achthundert Jahren festgelegt (1179 auf dem dritten Laterankonzil), aber im Laufe der Jahrhunderte immer wieder präzisiert, ergänzt, veränderten Situationen angepaßt, zuletzt durch Paul VI. in der Apostolischen Konstitution „Romano Pontifici Eligendo" vom 1. Oktober 1975. Für die Sedisvakanz nach seinem Tod und die Wahl seines Nachfolgers waren erstmals die detaillierten Bestimmungen dieser Konstitution wirksam.

Die Zahl der Wahlberechtigten war noch nie so groß wie beim Konklave nach dem Tod Pauls VI. Im ersten Konklave dieses Jahrhunderts, nach dem Tod Leos XIII., waren 62 Kardinäle anwesend (die im siebten Wahlgang am 4. August 1903 mit 50 Stimmen Pius X. wählten). Am folgenden Konklave nahmen 57 Kardinäle teil (im zehnten Wahlgang am 3. September 1914 Benedikt XV. mit 38 Stimmen gewählt). Bei Pius XI. waren es 53 Kardinäle (im vierzehnten Wahlgang am 6. Februar 1922 mit 42 Stimmen gewählt). Zur Wahl Pius' XII. versammelten sich 63 Kardinäle; dieses Konklave begann am 1. März 1939, am Tag darauf, bereits im dritten Wahlgang, fiel die Entscheidung. Im folgenden Konklave waren 51 Kardinäle (im elften Wahlgang am 28. Oktober 1958 Johannes XXIII. gewählt). Nachdem dieser Papst über die bisher auf 70 begrenzte Zahl schon bei seiner ersten Ernennung neuer Kardinäle hinausgegangen war, versammelten sich zur Wahl seines Nachfolgers 80 Kardinäle, mehr als je zuvor (am 21. Juni 1963 im fünften Wahlgang Paul VI. gewählt). Unter Paul VI. wurde das Kardinalskollegium nochmals erheblich erweitert, so daß am Konklave nach seinem Tod 114 Kardinäle wahlberechtigt waren.

Die zahlenmäßige Erweiterung des Papstwahlkollegiums brachte auch eine wesentlich veränderte Zusammensetzung mit sich, wenn man an die Herkunftsländer der Kardinäle denkt: 12 aus Afrika, 11 und 1 Kurienkardinal aus Nordamerika, 4 aus Mittelamerika, 13 und 3 Kurienkardinäle aus Südamerika, 10 aus Asien, 4 aus Ozeanien, 24 und 7 Kurienkardinäle aus Europa (ohne Italien), 9 und 16 Kurienkardinäle aus Italien. Neben den insgesamt 25 italienischen Kardinälen waren also bereits 52 aus der Dritten Welt. Der von Johannes XXIII. eingeleiteten und von Paul VI. entschieden fortgeführten Erweiterung des Kardinalskollegiums stand erstmals aber auch eine Begrenzung gegenüber, wonach die über 80 Jahre alten Kardinäle nicht mehr wahlberechtigt waren. Außerdem begrenzte das neue Papstwahlgesetz die Höchstzahl der Wähler auf 120, offenbar auch um Tendenzen, das Wählergremium wesentlich zu erweitern, etwa durch Beiziehung der Bischofsynode, einen Riegel vorzuschieben. Den zu erwartenden praktischen Schwierigkeiten, zum Beispiel der Unterbringung so vieler Konklavepersonen, trug das neue Gesetz bereits dadurch Rechnung, daß den Kardinälen keine persönlichen Begleitpersonen, soge-

 Seite 137: Als Erzbischof während der Predigt zusammen mit einem Erstkommunionkind.
Seite 138: Beim Besuch von Papst Paul VI. in Venedig am 16. 9. 1972; Bild mit einer Widmung des Patriarchen.

Ricordando una giornata per Venezia memorabile, benedico di gran cuore il mio Vicario Generale.

Venezia, 16 settembre 1972

Alb. Luciani
patr.

nannte Konklavisten, mehr erlaubt wurden (bisher war jeder berechtigt gewesen, einen – auf Bitten zwei – Konklavisten mitzubringen). Immerhin wurden zu Beginn des Konklaves am Nachmittag des 25. August 1978 außer den 111 wahlberechtigten Kardinälen für die notwendigen Dienstleistungen noch 84 Priester, Ordensleute und Laien eingeschlossen, vom Konklavesekretär über Zeremoniare, Protonotare bis zu Ärzten, Technikern, Köchen, Krankenpflegern.

Bei der Bedeutung des Papstamtes war die Gefahr der Einmischung und Beeinflussung von unberufener Seite immer groß. Das Konklave mit seiner völligen Abgeschlossenheit gegen die Außenwelt ist nichts anderes als ein Schutz der Wahlfreiheit und des Wahlgeheimnisses. Um dieses Geheimnis zu wahren, von dem sich die Massenmediengesellschaft mit ihrem vor keinem Tabu haltmachenden Nachrichtenkult und ihrer fast ins Unvorstellbare hochentwickelten Nachrichtentechnik geradezu herausgefordert sieht, werden alle Winkel auf verstecktes Gerät abgesucht und müssen alle Teilnehmer strengste Geheimhaltungseide schwören. Bei der Wahl Pius' X. hatte es im Konklave einen schweren Zwischenfall gegeben, als der Kardinal von Krakau im Namen des österreichischen Kaisers gegen den als aussichtsreich angesehenen Staatssekretär Leos XIII., Rampolla, ein Veto eingelegt hatte; daraufhin hatte Pius X. die Unabhängigkeit der Wahl und das Geheimnis des Konklaves verschärft. Dennoch sickerten Nachrichten über die Wahlvorgänge und Stimmenverhältnisse bei den folgenden Konklaven durch, zum Beispiel Notizen des

Seite 139: Beim Venedigbesuch legt Paul VI. dem Patriarchen die päpstliche Stola um.
Seite 140: Beim Gottesdienst zum Amtsantritt am 3. 9. 1978 auf dem Petersplatz nach dem Anlegen des Palliums.

Wiener Kardinals Piffl über das Konklave von 1914 und von 1922, die sich dieser – sicher nicht in der Absicht, das Geheimnis zu verletzen – gemacht und in einem Umschlag mit der Anweisung „Bei meinem Tod zu verbrennen" aufbewahrt hatte. Er starb 1932, seine Anweisung wurde nicht befolgt; 1963 wurden die Aufzeichnungen veröffentlicht. Schon Pius XII. hatte angeordnet, mit den Stimmzetteln alle Aufzeichnungen der Kardinäle über die Wahlgänge zu verbrennen; Johannes XXIII. verfügte, solche Aufzeichnungen mit dem Protokoll der Wahlgänge versiegelt ins Geheimarchiv zu nehmen (vielleicht dachte der ehemalige Kirchengeschichtsprofessor an die Papstgeschichtsforschung künftiger Generationen); Paul VI. kehrte zur Regelung Pius' XII. zurück, so daß Mutmaßungen über die Stimmenverhältnisse bei den Wahlgängen Spekulation bleiben, es sei denn, das umfassende Konklavegeheimnis sei verletzt worden oder der Papst habe davon entbunden.

„Dieser regiere uns"

Geheimnis der Wahl: Außenstehende mögen fragen, wer wen gewählt habe; die Wähler müssen sich fragen, wer nach Gottes Willen die Kirche regieren soll. Der Erzbischof von Venedig, Kardinal Luciani, hat bekanntlich in Form von fingierten Briefen Artikel zu religiösen und kirchlichen Fragen geschrieben. Über das Regieren gibt es von ihm nicht nur einen Brief, sondern einen kleinen Briefwechsel mit dem heiligen Bernhard von Clairvaux, dem „Doctor mellifluus –

Honigfließenden Lehrer", dem „ungekrönten Papst und Kaiser seines Jahrhunderts". Im ersten Brief schreibt der Patriarch von Venedig an den Abt von Clairvaux:

„Andere haben im Mittelalter Europa mit Streichen des Schwertes geführt. Ihr mit Strichen der Feder, mit Briefen, die in alle Richtungen gingen und von denen uns heute leider nur ein Teil erhalten ist: ungefähr fünfhundert... Einer, der vierundzwanzigste der Briefsammlung, enthält im Kern eure christliche Sicht des Regierens und wurde zu einem klassischen Text über eine außerordentliche Situation. Man war in einem Konklave. Die Kardinäle schwankten unsicher zwischen drei Kandidaten; der eine war ausgezeichnet in Heiligkeit, der zweite in hoher Bildung, der dritte in praktischem Sinn. Der Unentschlossenheit machte ein Kardinal dadurch ein Ende, daß er Euren Brief zitierte. ‚Es ist nutzlos', sagte er, ‚weiter zu zögern; unser Fall ist bereits im vierundzwanzigsten Brief des Doctor mellifluus erwogen. Man muß ihn nur anwenden, und alles läuft wie geölt. Der erste Kandidat ist heilig? Das ist gut; oret pro nobis – er bete für uns; er sage ein paar Vaterunser für uns arme Sünder. Der zweite ist gelehrt? Das gefällt uns; doceat nos – er lehre uns; er schreibe ein paar gelehrte Bücher. Der dritte ist klug? Iste regat nos – dieser regiere uns und werde Papst.' Das alles in Betracht gezogen, warum solltet Ihr, lieber Abt, euer altes Handwerk nicht fortsetzen und Briefe schreiben mit dem Liebesdienst guter Ratschläge für mich armen Bischof...?"

Darauf „antwortet" Bernhard von Clairvaux: „Einverstanden. Ich beginne und kehre meinen eigenen

Satz um. ‚Wenn er klug ist, soll er regieren', schrieb ich damals. ‚Wenn er regiert, soll er klug sein', schreibe ich heute. Das heißt: Er habe einige Grundprinzipien fest im Kopf und wisse sie auf die Umstände des Lebens anzuwenden. Welche Prinzipien? Um nur einiges zu nennen: Ein scheinbar aufsehenerregender Erfolg ist in Wirklichkeit ein Mißerfolg, wenn er dadurch errungen wird, daß die Wahrheit, die Gerechtigkeit, die Liebe mit Füßen getreten werden. Wer oben ist, sei dem zu Diensten, der unten ist: wie die Herren, so die Untertanen. Je größer die Verantwortung, desto größer die Bedürftigkeit, daß Gott hilft."

Die große Überraschung

Das Konklave begann am Freitag, dem 25. August 1978, nachmittags. Am Samstag fanden die ersten Wahlgänge statt; die Wahlvorschriften sehen vor, „daß sowohl am Vormittag wie am Nachmittag unverzüglich nach einem Wahlgang, bei dem keine Entscheidung stattfand, die wählenden Kardinäle unmittelbar zu einem zweiten Wahlgang schreiten, bei dem sie erneut ihre Stimme abgeben, ohne die beim vorangegangenen Wahlgang abgegebenen Stimmen anzurechnen". Über das Ergebnis eines Doppelwahlgangs wird die Außenwelt – ein liebenswürdiger Anachronismus im Zeitalter der Nachrichtensatelliten – durch Rauchzeichen informiert, bei negativem Ausgang steigen dunkle Wolken von den mit chemischen Zusätzen verbrannten Stimmzetteln durch den Kamin der Sixtinischen Kapelle, bei positivem

Ausgang sollte die „fumata" weiß sein. Nachdem erwartungsgemäß der Rauch am späten Vormittag schwarz war, warteten am späten Nachmittag Tausende auf dem Petersplatz, und es wurden ihrer immer mehr, bis um 18.24 Uhr wiederum Rauch aufstieg. Schwarz oder weiß? Das war hier die Frage (die gleiche wie schon bei der Wahl Johannes' XXIII.), denn in Wirklichkeit war er grau, und das Gegenlicht der Abendsonne machte ihn vollends undefinierbar. Sollte jetzt schon die Entscheidung, schon am ersten Tag, nach insgesamt nur sechsundzwanzig Konklavestunden, gefallen sein? Um 19.17 Uhr bestätigte Radio Vatikan, daß der Rauch weiß gewesen sei, und dann öffneten sich die Türen zur mittleren Loggia über dem Hauptportal von St. Peter. Die Entscheidung war gefallen. Jetzt würde die Verkündigung des Namens erfolgen, der Augenblick der höchsten Spannung.

Der rangälteste Kardinaldiakon, Felici, begann mit den Worten, mit denen seit Menschengedenken ein neuer Papst den Gläubigen und der Welt vorgestellt wird: „Ich verkünde euch eine große Freude: Wir haben einen Papst: den hochwürdigsten Herrn Kardinal Albino Luciani." Das war die große Überraschung! Ein fast unbekannter Name, jedenfalls keiner der von Kennern und Nichtkennern im voraus immer wieder genannten und mit großen Chancen bedachten Namen. Die nicht wenigen, die man als „Papabili" ins Konklave einziehen sah, kamen alle als Kardinäle wieder zurück. Die fundierten wie die phantasievollen Wahlprognosen der internationalen Presse zerplatzten an dem Faktum ausgerechnet dieses Namens, an den kaum einer gedacht hatte, wie eine

Seifenblase. Das Kandidatenratespiel der großen Menge verlief sich im Sande, man hatte sozusagen einen Namen – den entscheidenden – auf dem Tipzettel vergessen. Wer kannte schon Albino Luciani?

Nicht genug mit den Überraschungen dieses Abends. Nach dem bürgerlichen Namen verkündete Kardinal Felici schließlich, wie der Neugewählte als Papst heißen wollte: „der sich den Namen gab: Johannes Paul I." In der langen Liste der zweihundertfünfundsechzig Päpste hatte es noch nie einen Doppelnamen gegeben. Das Erstmalige dieses Namens deutete schon das Einmalige dieses Mannes an. Wenig später erschien dann der neue Papst selbst auf der Loggia, mit lächelndem Gesicht, mit den Händen winkend, Freude ausstrahlend, und erteilte mit fast zitternder Stimme, aus der die tiefe Ergriffenheit herauszuhören war, zum ersten Male den päpstlichen Segen „urbi et orbi".

Nachdem Johannes Paul I. auf diese offizielle Weise vorgestellt worden war, gab es tags darauf eine kurze improvisierte Selbstvorstellung, als er vor dem traditionellen sonntäglichen Angelusgebet zu den Tausenden auf dem Petersplatz sprach, die aus dem Staunen und aus der Begeisterung nicht mehr herauskamen – ohne das majestätisch-steife „Wir", ganz persönlich, ganz menschlich, ganz einfach:

„Gestern morgen bin ich ganz ruhig in die Sixtinische Kapelle gegangen, um zu wählen. Niemals hätte ich mir vorgestellt, was dann geschehen sollte. Als die Gefahr für mich begann, haben mir die beiden Kollegen, die neben mir waren, Worte der Ermutigung zugeflüstert. Einer hat gesagt: ‚Mut! Wenn der Herr eine

Last gibt, gibt er auch Hilfe, sie zu tragen.' Und der andere Kollege: ‚Haben Sie keine Angst, in der ganzen Welt gibt es so viele Leute, die für den neuen Papst beten.' Als es dann soweit war, habe ich angenommen. Danach ging es um den Namen, denn man wird auch gefragt, welchen Namen man annehmen will, und ich habe mir darüber kaum Gedanken gemacht. Ich habe mir folgendes überlegt: Papst Johannes hat mich mit seinen Händen hier in der Basilika von Sankt Peter geweiht, und dann wurde ich, wenngleich unwürdig, in Venedig sein Nachfolger auf dem Stuhl des heiligen Markus, in jenem Venedig, das immer noch voll ist von Papst Johannes. An ihn erinnern sich die Gondolieri, die Ordensschwestern, alle. Papst Paul hat mich nicht nur zum Kardinal gemacht, sondern er hat mich, an der Anlegestelle für die Boote beim Markusplatz, vor zwanzigtausend Leuten, über und über rot werden lassen, als er sich seine Stola abnahm und sie mir auf die Schultern legte. Ich bin noch nie so rot geworden! Außerdem hat dieser Papst in den fünfzehn Jahren seines Pontifikates nicht nur mir, sondern aller Welt gezeigt, wie man liebt, wie man dient, wie man arbeitet und wie man leidet für die Kirche Christi. Deswegen habe ich gesagt: ‚Ich werde mich Johannes Paul nennen.' Ich habe weder die Herzensweisheit Papst Johannes' noch die Vorbildung und Geisteskultur Papst Pauls, aber ich bin an ihrem Platz und muß versuchen, der Kirche zu dienen. Ich hoffe, ihr werdet mir mit euren Gebeten helfen."

Programmatische Schwerpunkte

Auf Bitten des neuen Papstes wurde das Konklave erst nach der Messe am nächsten Morgen offiziell beendet, gleichsam als ob die seltene Gelegenheit zu einem so vollzähligen „kollegialen" Zusammensein der Kardinäle aus aller Welt allzu kurz gewesen sei. Dabei sind auch die Schwerpunkte der ersten Ansprache besprochen worden, mit der sich Johannes Paul I. am 27. August 1978 aus der Sixtinischen Kapelle über den Rundfunk an die ganze katholische Welt wandte. Im programmatischen Teil dieser Antrittsrede setzte er – in ausdrücklicher Berufung auf den von Johannes XXIII. abgesteckten und von Paul VI. fortgesetzten Weg – sechs Schwerpunkte:

Das Erbe des Konzils fortsetzen
„Wir wollen ohne Unterbrechung das Erbe des Zweiten Vatikanischen Konzils fortsetzen, dessen weise Richtlinien noch ganz zur Ausführung gelangen müssen; dabei müssen wir achtgeben, daß gutgemeinte, aber vielleicht unbedachte Anstöße nicht dessen Lehre und Sinn entstellen und daß bremsende und ängstliche Kräfte den großartigen Impuls, den das Konzil für eine lebendige Erneuerung gab, nicht unterdrücken."

Die Disziplin der Kirche bewahren
„Wir wollen die große Disziplin der Kirche für das Leben der Priester und der Gläubigen unversehrt bewahren, wie sie sich in der an Erfahrung reichen Geschichte durch die Jahrhunderte hin in Beispielen der

Heiligkeit und heroischen Vollkommenheit beglaubigt hat, sei es in der Ausübung der evangelischen Tugenden, sei es im Dienst an den Armen, Schwachen und Schutzlosen. In diesem Sinn werden wir auch die Revision der beiden kirchlichen Gesetzbücher – des orientalischen und des lateinischen vorantreiben, um dem lebendigen inneren Prinzip der heiligen Freiheit der Kinder Gottes die Festigkeit und Stärke rechtlicher Strukturen zu geben."

Evangelisierung – die erste Pflicht der Kirche
„Wir wollen die ganze Kirche daran erinnern, daß ihre erste Pflicht die Evangelisierung ist, deren Leitlinien unser Vorgänger Paul VI. in einem erinnerungswürdigen Dokument entfaltet hat: Beseelt vom Glauben, genährt vom Wort Gottes und gestärkt durch die himmlische Nahrung der Eucharistie muß sich die Kirche ‚gelegen oder ungelegen' (2 Tim 4, 2) um jeden Weg bemühen und jedes Mittel suchen, um das Wort Gottes zu säen, die Frohbotschaft zu verkünden und das Heil anzusagen, wodurch zunächst in den Menschen die Unruhe der Wahrheitssuche hervorgerufen wird, bevor sich mit dem Beistand von oben die Kraft dieser Wahrheit an ihnen bewährt. Wenn alle Söhne und Töchter der Kirche unermüdlich Botschafter und Missionare des Evangeliums sind, werden in einer nach Liebe und Wahrheit dürstenden Welt Heiligkeit und Erneuerung mit neuer Kraft aufblühen."

Die ökumenischen Bestrebungen fortsetzen
„Wir wollen die ökumenischen Bestrebungen fortsetzen, die wir als Vermächtnis unserer unmittelbaren

Vorgänger betrachten, indem wir mit unverändertem Glauben, unbesiegter Hoffnung und nie fehlender Liebe über die Verwirklichung des großen Gebotes Christi wachen, in dem, vor dem Opfergang auf den Kalvarienberg gesprochen, die Angst des Herzens mitschwingt: ‚daß alle eins seien' (Joh 17,21). Die wechselseitigen Beziehungen unter den Kirchen verschiedenen Namens haben beständige und außergewöhnliche Fortschritte erzielt, die jedem sichtbar sind; doch ist damit die Trennung, die in den Augen der Nichtchristen und Nichtgläubigen Anlaß zu Zweifel, Mißbilligung und Ärgernis bietet, noch nicht überwunden. Deshalb wollen wir auf alles unser besonderes Augenmerk richten, was die Einheit fördern kann, ohne Abstriche in der Lehre, aber auch ohne Zögern."

Den Dialog weiterführen

„Wir wollen mit Geduld und Ausdauer den entspannten und wirkungsvollen Dialog weiterführen, den der verstorbene Paul VI. zur Grundlage und zum Prinzip seines pastoralen Wirkens gemacht hat und für den er in der wichtigen Enzyklika ‚Ecclesiam suam' die Leitlinien entwarf im Sinne einer gegenseitigen Anerkennung von Mensch zu Mensch, bezogen auch auf die, die unseren Glauben nicht teilen. Dann haben wir immer bereit zu sein, Zeugnis zu geben von dem Glauben, der in uns ist, und von der Botschaft, die Christus uns anvertraut hat, ‚damit die Welt glaube' (Joh 17,21)."

Die Initiativen für den Frieden unterstützen
„Wir wollen schließlich alle guten und lobenswerten Initiativen unterstützen, die den Frieden in dieser aufgewühlten Welt wahren und fördern können: Wir rufen deshalb alle guten, gerechten, ehrenhaften Menschen, alle Menschen aufrichtigen Herzens dazu auf, innerhalb der Nationen einen Damm gegen blinde Gewalt zu errichten, die nur zerstört und Ruinen und Leiden bringt; im internationalen Zusammenleben aber sollen die Menschen zu gegenseitigem Wohlwollen geführt werden, zur Koordination ihrer Anstrengungen bei der Förderung des sozialen Fortschritts, zur Bekämpfung physischen Hungers und geistiger Ignoranz und zur Förderung des Fortschrittes jener Völker, die weniger mit Glücksgütern gesegnet, aber voll Energie und Lebenswillen sind."

Am Schluß seiner ersten großen Ansprache deutet Johannes Paul I. auf das Bild eines neuen Morgens, das noch in einem anderen, schwer zu begreifenden Sinn das Kennzeichen seines Pontifikats werden sollte: Nur einen kurzen Morgen lang dauerte sein Wirken als Papst, durch das aber unzähligen Menschen eine aufstrahlende Hoffnung gezeigt wurde:

„Der Welt leuchtet die Morgenröte der Hoffnung, mag sie auch noch verdunkelt erscheinen durch die Finsternis, in der das Wetterleuchten von Haß, Blut und Krieg aufscheint: Der demütige Stellvertreter Christi, der sein Amt mit Furcht, aber voller Vertrauen antritt, steht bereit, der Kirche und der Gesellschaft zu dienen, ohne Unterschied der Rassen und Ideologien, damit der Welt ein hellerer und schönerer

Tag aufgeht. Nur Christus kann das Licht leuchten lassen, das keinen Untergang kennt, denn er selbst ist die ‚Sonne der Gerechtigkeit'."

„Wir haben einen Seelsorger-Papst gewählt"

Drei Tage nach der Wahl veröffentlichte das Vatikanische Presseamt einen offiziellen Lebenslauf des neuen Papstes, aus dem auch hervorging, worüber Johannes Paul I. nicht verfügte, ohne daß es ausdrücklich gesagt wurde: Erfahrung in den Regierungsgeschäften der katholischen Kirche. Er war nicht wie Pius XII. oder Paul VI. durch die päpstliche Diplomatenakademie gegangen und schon in jungen Jahren ins Staatssekretariat berufen worden. Auch der von Herkunft und Wesen ganz anders als diese geartete Johannes XXIII. hatte fast dreißig Jahre lang im diplomatischen Dienst des Heiligen Stuhls gearbeitet. Diese Kurienerfahrung aber fehlte dem neuen Papst völlig, wie er selbst freimütig, zum Beispiel bei der Audienz die Kardinäle am 30. August 1978, bekannte:

„Die Seelsorgsaufgaben, zu denen uns nach und nach Gottes Vorsehung in den vergangenen Jahren berufen hat, vollzogen sich immer weit entfernt von jenen komplizierten Organismen, die dem Stellvertreter Christi die konkrete Möglichkeit bieten, den apostolischen Dienst auszuüben... Es fällt uns nicht schwer, unsere Unerfahrenheit in einem so empfindlichen Bereich des kirchlichen Lebens zuzugeben. Wir versprechen deshalb, die Empfehlungen, die uns von so tüchtigen Mitarbeitern zukommen werden, zu

Herzen zu nehmen und bei ihnen sozusagen in die Schule zu gehen."

Das gleiche konnte er, vom Redemanuskript abschweifend, im freien Gespräch noch plastischer sagen (in der gleichen Audienz für die Kardinäle): „Das erste, was ich als Papst tat, als ich etwas Zeit hatte, war, das ‚Päpstliche Jahrbuch' durchzublättern, um die Organismen des Heiligen Stuhls genauer kennenzulernen. Ich hoffe, daß Ihr mir helft." Und in einer Angelusansprache (am 17. September 1978), in der er sich besonders an die Schüler wandte, deren Ferien zu Ende gingen: „Auch der Papst war Schüler ... aber ich dachte nur an die Jugend und die Pfarrei. Keiner ist je gekommen und hat mir gesagt: ‚Du wirst Papst werden.' Oh, wenn man mir das gesagt hätte, dann hätte ich mehr gelernt, dann hätte ich mich besser vorbereitet. Jetzt aber bin ich alt, jetzt ist keine Zeit mehr."

Wegen dieses Mangels an kurialer Erfahrung war der Seelsorger-Kardinal aus Venedig nicht nur „ganz ruhig in die Sixtina" zur Wahl gegangen, sondern auch unbesorgt zum Konklave gefahren, obwohl sich bei seinem Auto (Lancia Fulvia VE 26 1885) kurz vor Rom der Motorkolben „festgefressen" hatte und er abgeschleppt werden mußte. Am Vormittag vor Konklavebeginn ging er noch in die Werkstatt: „Ich muß in wenigen Tagen heimreisen, und ich wüßte nicht, wie ich das Auto abholen lassen könnte, wenn ich es hier lassen muß." Und der Küchenschwester des Augustinerkollegs in der Nähe des Vatikans, wo er vor dem Konklave wohnte, gab er auf die Frage: „Und wenn Sie nun Papst werden, Eminenz?" zur Antwort: „Ich und Papst? Ich bin nicht vom Teig, aus dem diese Art von Nudeln gemacht wird."

In den Beratungen der Kardinäle schon vor dem Konklave scheint sich bereits die Suche nach einem anderen „Teig" als dem des diplomatisch klugen Kirchenpolitikers abgezeichnet zu haben; gefragt war offensichtlich der Seelsorger mit der starken menschlichen Ausstrahlungskraft. In den wenigen Stunden des Konklaves muß sich die Entdeckung der Persönlichkeit Lucianis geradezu wie ein Wunder vollzogen haben, so daß ein Vatikansprecher von einem zuletzt plebiszitären Wahlverlauf sprach. Nachdem es hieß, er sei sowohl im dritten als auch er sei im vierten Wahlgang gewählt worden, liegt – zumal angesichts der Vorschrift von jeweils zwei unmittelbar aufeinanderfolgenden Wahlgängen – die Vermutung nahe, daß die eigentliche Wahl im dritten Wahlgang erfolgte und daß das nur allzu verständliche Zögern des Erwählten mit einem überwältigenden Vertrauensbeweis im vierten Wahlgang beantwortet wurde.

Der Vorsitzende der deutschen Bischofskonferenz, Kardinal Höffner, sagte in einem Hirtenbrief, der „Am Abend des 26. August 1978", also noch am Wahltag, datiert ist: „Die überraschend kurze Dauer des Konklaves ist ein Beweis dafür, daß das Kardinalskollegium, obwohl die Kardinäle aus allen Erdteilen stammen, nicht in Parteien und Blöcke gespalten ist. Wir Kardinäle haben im Angesicht Christi, der unser Richter sein wird, den gewählt, ‚von dem wir glauben, daß er nach Gottes Willen gewählt werden sollte' (vgl. Apostolische Konstitution über die Wahl des Papstes, Nr. 42) ... Wir Kardinäle haben einen Seelsorger-Papst gewählt. Er ist liebenswürdig und bescheiden, glaubensstark und zuversichtlich. Nach dem Ende des Konklaves sagte er zu uns Kardinälen: ‚Gott möge euch verzeihen, was ihr mit mir gemacht habt.'"

Die erste Woche im Amt

Zu den ersten Amtshandlungen des neuen Papstes gehörte die Ernennung des französischen Kardinals Jean Villot zum Staatssekretär, der das gleiche Amt schon unter Paul VI. innehatte; zusammen mit ihm wurden die beiden wichtigsten Mitarbeiter im Staatssekretariat, Caprio und Casaroli, bestätigt. Auch die bisherigen Kardinalpräfekten der Römischen Kongregationen (etwa gleichbedeutend mit Ministerien) und Gerichtshöfe sowie die Kardinalpräsidenten der Römischen Sekretariate und Kommissionen wurden für die laufende fünfjährige Amtszeit bestätigt. So gab es, wie nicht anders zu erwarten, keine personellen Veränderungen in den führenden Ämtern der päpstlichen Kurie.

Mittwoch, 30. August: Audienz für die Kardinäle. In freier Rede bat er nun seinerseits um Verzeihung für dic unmittelbar nach seiner Wahl gemachte Bemerkung (die Kardinal Höffner in einem kurzen Hirtenwort wiedergegeben hatte). Es sei ihm nur eine Geschichte von Bernhard von Clairvaux in den Sinn gekommen, wonach dieser bei der Wahl eines seiner Schüler zum Papst ausgerufen habe: „Was habt ihr gemacht? Gott möge euch verzeihen." Hier war dem neuen Papst Johannes Paul I. zweifellos eine providentiell passende „Geschichte" in den Sinn gekommen. Die Kardinäle des bernhardinischen Zeitalters hatten 1145 einen schlichten Zisterziensermönch, Abt Bernhard von Pisa, zum Papst (Eugen III.) gewählt; die kirchenpolitische Situation war äußerst verworren, und der große Bernhard war in Sorge um seinen kleinen, in Regierungsgeschäften unerfahrenen Schüler. Da schrieb er für ihn eines seiner berühmtesten Werke, eine Art Gewissenserforschung und zugleich Gebrauchsanweisung für das Papstamt („De consideratione – Von der Sorge [um das Seelenheil]"). Hierin sagt Bernhard an einer Stelle, es widerstrebe ihm, den Nachfolger Petri zu sehen „mit Seide und kostbaren Steinen geschmückt, mit Gold bedeckt, auf einem Thronsessel getragen und von einem lärmenden Hof umgeben". Der ausdrückliche Verzicht Papst Johannes Pauls I. auf Tiara und Papstkrönung, auf die Sedia gestatoria (zumindest zu Anfang; nach einiger Zeit hat er sich schweren Herzens dem Wunsch der vielen Tausende von Audienzbesuchern gebeugt, die ihn besser sehen wollten) und die betonte Schlichtheit seines ganzen Auftretens könnte man geradezu als gelebten Kommentar zu den erwähnten Worten Bernhards oder zu dessen Mahnung an den Papst ansehen: „Nur ein Heiliger kann seinen Thron erhöhen."

Donnerstag, 31. August: Audienz für das Diplomatische Korps. Der Papst sprach von dem Dienst, den der Heilige Stuhl in der heutigen Welt auf der Ebene der Regierungen oder internationaler Instanzen bei der Suche nach besseren Lösungen für die großen Probleme, wie Abrüstung, Entspannung, Frieden, Gerechtigkeit, humanitäre Maßnahmen bzw. Hilfeleistungen, Entwicklungsfragen usw., anbieten könne. „Aber unsere Wirksamkeit im Dienst an der internationalen Gemeinschaft spielt sich auch – und wir würden sagen vor allem – auf einem anderen Felde ab, dem der Pastoral, die die eigentliche Aufgabe der Kirche ist. Es handelt sich dabei um den Beitrag, den die Erklärungen und Aktionen des Apostolischen Stuhls und unserer Mitarbeiter in der ganzen Kirche zur Bildung der Gewissen leisten, der Gewissen vor allem der Christen, aber auch aller Menschen guten Willens und damit einer breiten Öffentlichkeit, einer Gewissensbildung, die sich auf die Grundprinzipien erstreckt, die allein eine wirkliche Zivilisation und eine tatsächliche Brüderlichkeit unter den Völkern garantieren können: Achtung vor dem Nächsten, seinem Leben, seiner Würde, Sorge um den geistigen und sozialen Fortschritt, Geduld und Verständigungsbereitschaft bei dem so schwierigen Aufbau des Friedens ... Diese Haltungen haben eine direkte Beziehung zum gesellschaftlichen und politischen Leben. Ihre Länder versuchen eine moderne Zivilisation aufzubauen unter oft erfinderischen und großmütigen Anstrengungen, denen all unsere Sympathie und unsere Ermutigung gilt, um so mehr, wenn sie sich dabei an den sittlichen Gesetzen ausrichten, die durch den Schöpfer in das Herz des Menschen eingeschrieben sind. Ist diese Zivilisation nicht angewiesen auf neue geistliche Energien, auf eine Liebe ohne Grenzen, auf eine sichere Hoffnung?"

Im gleichen Sinne äußerte sich der Papst einige

Tage später (4.9.1978) gegenüber den Sonderdelegationen der Staaten und internationalen Organisationen, die zur Feier der Amtseinführung nach Rom gekommen waren: „Gewiß, wir haben keine Wunderlösungen für die großen Weltprobleme. Dennoch können wir etwas wirklich Wertvolles dazu beitragen: einen Geist, der diese Probleme zu lösen hilft und sie in den entscheidenden Zusammenhang stellt: den der universalen Liebe und der Öffnung für die transzendenten Werte, das heißt der Öffnung zu Gott. Wir werden versuchen, diesen Dienst zu leisten in einer einfachen, klaren, vertrauensvollen Sprache."

Freitag, den 1. September: Audienz für die rund tausend Vertreter von Presse, Funk und Fernsehen. Der Papst hielt sich nicht an das vorbereitete Manuskript, sprach in der Ich-Form und kam des öfteren ins freie Plaudern. Die Journalisten quittierten den Mut des neuen Papstes zur spontanen Rede mit stürmischem Beifall; hier kam er, der früher aus seiner heimlichen Liebe zum Beruf des Journalisten nie einen Hehl gemacht hatte, besonders gut an. „Der französische Kardinal Mercier hat einmal gesagt: ‚Wenn der heilige Paulus heute noch lebte, wäre er Journalist geworden.' Ein anderer bemerkte dazu, er wäre nicht nur Journalist geworden, sondern Direktor der Presseagentur Reuter. Heute könnte man dem noch hinzufügen: San Paolo würde zu Paolo Grasso [dem Generaldirektor des italienischen Fernsehens] gehen, um ein bißchen mehr Sendezeit im Fernsehen zu bekommen." Der Papst kam auch auf die vielen Spekulationen vor der Wahl zu sprechen. Bei der Lektüre mancher Zeitungsartikel sei ihm eine Episode aus dem vorigen Jahrhundert eingefallen: „Der Direktor einer italienischen Zeitung hat damals seinen Reportern erklärt: Das Publikum interessiert nicht, was sich Napoleon III. und der preußische König gesagt haben. Das Publikum will wissen, ob ihre Strümpfe grau oder rot waren und ob sie Zigaretten geraucht hätten." Im Anschluß an diese Anekdote forderte er die Journalisten auf, zum Kern der wirklichen Probleme der Kirche vorzudringen und das Ihre dazu zu tun, die Frage nach Gott und die Besinnung auf die „geheimnisvolle Beziehung zwischen Gott und jedem von uns" wachzuhalten.

Samstag, den 2. September: Audienz für die Delegationen nichtkatholischer Christen. Darunter waren die Delegationen des Ökumenischen Patriarchen von Konstantinopel, angeführt von Metropolit Meliton von Chalkedon; der Präsident der Utrechter Union der Altkatholiken, Erzbischof Dr. Marinus Kok; der Vertreter des obersten Katholikats der Armenier, Erzbischof Seropè Manoukian; der Vertreter des ökumenischen Rates der Kirchen, Dr. Philip Potter; die Mitglieder der anglikanischen Delegation mit den Erzbischöfen von York, Winchester, West Missouri und Brisbane; die Vertreter der Vollversammlung der Kirche Schottlands. Der Präsident des Lutherischen Weltbundes, Bischof Josiah Kibira, schrieb aus Genf einen Glückwunschbrief an den neuen Papst, der mit „Lieber Bruder in Christo!" beginnt und in dem es zum Schluß heißt: „Wir beten darum, daß Ihr Amt allen Christen zum Segen wird. Als Lutheraner hoffen wir, daß die Zeit gekommen ist, da alle Kirchen der Einheit, die wir in Christus und in der Taufe im Namen des dreieinigen Gottes besitzen, sichtbareren Ausdruck verleihen könnten."

Der Leiter der Delegation der russisch-orthodoxen Kirche, Metropolit Nikodim, wurde vom Papst am 5. September in der Privatbibliothek empfangen. Johannes Paul I. hatte den Metropoliten gebeten, ihm gegenüber an seinem Schreibtisch Platz zu nehmen. Während des Gesprächs, an dem Kardinal Willebrands, der Präsident des Sekretariats für die Einheit der Christen, teilnahm, sank der neunundvierzigjährige Metropolit plötzlich in seinem Sessel zusammen; der beigerufene Arzt konnte nur noch den Tod infolge eines Herzinfarkts feststellen. Der Papst war tief erschüttert. Bereits in den ersten Tagen seines neuen Amtes wurde er mit einer ganz anderen Art von Audienz konfrontiert, zu der er selbst früher, als alle ahnen konnten, gerufen werden sollte.

Sonntag, den 3. September: Gottesdienst zum Amtsantritt. Etwa zweihunderttausend Menschen auf dem Petersplatz wurden Zeugen einer eindrucksvoll schlichten Feier, die an die Stelle der früheren Krönungsfeierlichkeiten getreten war. Delegationen von über hundert Staaten und internationalen Organisationen sowie von den nichtkatholischen christlichen Kirchen und Gemeinschaften waren zugegen. Und das Fernsehen übertrug den Gottesdienst in dreiundfünfzig Länder; man schätzt, daß ihn auf diese Weise eine Milliarde Menschen miterlebten. Vor Beginn der Messe betete der Papst am Grab des heiligen Petrus, dann zogen die hundertundvier konzelebrierenden Kardinäle und der Papst durch die Peterskirche ins Freie, während die Anrufungen der Allerheiligenlitanei erklangen mit der immer wiederkehrenden, von allen gesungenen Bitte: „Tu illum adiuva – Komm ihm zur Hilfe!" Kardinaldiakon Felici legte ihm das Pallium um, einen ringförmigen weißen Wollstreifen mit eingewebten schwarzen Kreuzen, Zeichen der Metropolitenwürde, und es folgte die Huldigung der Kardinäle, die wegen des lächelnden, mit jedem ein persönliches, herzliches Wort wechselnden Papstes zur überzeugenden Geste einer in brüderlicher Kollegialität ausgeübten Autorität wurde. In der Predigt brachte der Papst das, was sein Herz am Beginn des Amtes bewegte, mit Worten des Apostels Paulus zum Ausdruck, mit denen wenige Wochen später unzählige Gläubige das Unfaßbare des plötzlichen Endes seines Amtes zu verstehen versuchten:

„Bei dieser heiligen Feier, mit der der Beginn der Amtseinführung des obersten Hirten der Kirche in festlicher Weise begangen wird, wenden wir uns zunächst anbetend und bittend an den ewigen und unendlichen Gott, der uns nach seinem mit menschlichen Überlegungen nicht erklärbaren Willen und in seiner unermeßlichen Güte auf den Stuhl des heiligen Petrus erhoben hat. Dabei kommen uns wie von selbst die Worte des heiligen Paulus auf die Lippen: ‚O Tiefe des Reichtums, der Weisheit und der Erkenntnis Gottes! Wie unergründlich sind seine Urteile, wie unerforschlich seine Wege!' (Röm 11,33.)"

Achtes Kapitel

Goldkörner aus den Predigten des „Pfarrers für die Welt"

Viele Menschen kommen aus aller Welt nach Rom, um einmal den Papst gesehen und gehört zu haben. Dazu ist in der Regel eine kurze Gelegenheit am Sonntag mittag auf dem Petersplatz, wenn um zwölf Uhr zum Angelusgebet geläutet wird, und eine längere am Mittwoch bei der Allgemeinen Audienz in der Peterskirche oder in der vor einigen Jahren dicht bei Sankt Peter neugebauten Audienzhalle. Für einen Papst, der sich so sehr als Seelsorger verstand wie Johannes Paul I., waren diese Begegnungen mit den vielen Menschen, die nicht von Amts wegen, in hoher kirchlicher oder politischer Mission kamen, sondern den „Vater" erleben wollten, keine Repräsentationsverpflichtungen, sondern eine konkrete Gelegenheit, Pfarrer zu sein, „Pfarrer für die Welt". Während der wenigen Worte zum sonntäglichen Angelus und bei den großen Audienzansprachen ist der Funke übergesprungen, der soviel Sympathie, ja Begeisterung für diesen „Vater" und „Pfarrer" entzündet hat. Die Generalaudienzen waren überfüllt; die vierte, die seine letzte sein sollte, mußte doppelt gehalten werden, in St. Peter (mit über fünftausend Pilgern aus den deutschsprachigen Ländern) und in der Audienzhalle.

Kontaktfreudig, wie er war, ungezwungen, unmittelbar und auch zu spontanen Improvisationen aufgelegt, so daß die tatsächlich gehaltene Rede mit der vorbereiteten und im „Osservatore Romano" abgedruckten nicht immer übereinstimmte – das alles machte die Menschen gespannt und aufmerksam für das, was er sagen würde.

Bei der ersten Allgemeinen Audienz am 6. September 1978 gab Johannes Paul I. die Leitlinie an, an die er sich bei seinen Audienzansprachen halten wollte. Ausdrücklich knüpfte er auch hierbei an seinen Vorgänger, Paul VI., an: „Jeden Mittwoch kam er hierher und sprach zu den Menschen. Auf der Synode 1977 haben einige Bischöfe gesagt: ‚Die Mittwochsansprachen sind eine wirkliche Katechese, zugeschnitten auf die moderne Welt.' Ich werde versuchen, es ihm nachzumachen in der Hoffnung, daß auch ich den Menschen irgendwie helfen kann, besser zu werden."

Für die folgenden Generalaudienzen hatte er sich dann eine Art Predigtzyklus vorgenommen. Bei der Themenwahl ließ er sich von seinem Vorgänger, Johannes XXIII., anregen: „Papst Johannes hat in einer Notiz [seines ‚Geistlichen Tagebuchs'], die dann auch gedruckt wurden, gesagt: ‚Manchmal habe ich die Exerzitien anhand der sieben Lampen der Heiligung gemacht.' Das bedeutet die sieben Tugenden: Glaube, Hoffnung, Liebe, Klugheit, Gerechtigkeit, Starkmut, Mäßigung. Wer weiß, ob der Heilige Geist dem armen Papst heute hilft, wenigstens eine dieser Lampen zu erläutern, die erste: den Glauben." Das war in der zweiten Generalaudienz. Johannes Paul I. sollte den ganzen Zyklus nicht mehr vollenden, er kam „nur" bis zur Liebe. „Gott lieben heißt eine Reise zu Gott machen", sagte er in seiner letzten Predigt, zwei Tage, bevor er selbst seine Reise zu Gott vollendete.

Vom Professor Luciani und vom Bischof Luciani sind zwei Bücher erschienen: „Katechetik in Brosamen" und „Neue Brosamen der Katechetik". Im folgenden finden sich einige wenige „Brosamen" aus der Predigtpraxis vom Papst Luciani, kleine Textstückchen vom einfachen, wahrhaften Brot seiner Verkündigung und zugleich kostbar wie Goldkörner, die man lange betrachten und sorgsam bewahren kann.

Sich Gott ganz und gar überlassen

Von ihm ergriffen:

„Gott ist der große Regisseur, wenn es sich um den Glauben handelt, denn Jesus hat gesagt: ‚Niemand kann zu mir kommen, wenn nicht der Vater, der mich gesandt hat, ihn dazu bewegt.' Paulus hatte den Glauben nicht, ja er verfolgte die Gläubigen. Da erwartet ihn Gott auf der Straße nach Damaskus. ‚Paulus', sagte er, ‚träume nicht, träume auch nicht davon, dich aufzubäumen und auszuschlagen wie ein wildgewordenes Pferd. Ich bin der Jesus, den du verfolgst. Ich habe Pläne mit dir. Du mußt anders werden.' Paulus ergab sich. Er wurde anders, er kehrte sein Leben um. Einige Jahre später wird er schreiben: ‚Auf dem Weg nach Damaskus, da hat Gott mich ergriffen. Seitdem mache ich nichts anderes, als ihm nachzugehen, um zu sehen, ob auch ich fähig sein werde, ihn immer mehr zu ergreifen, nachzuahmen, zu lieben.'''

(13. 9. 1978)

Ja, Herr, sofort!

„Das ist der Glaube: sich Gott ergeben, aber dabei das eigene Leben verändern. Das ist nicht immer leicht. Augustinus hat den Gang seines Glaubens erzählt. Es war, besonders in den letzten Wochen, schrecklich. Noch wenn man es liest, spürt man, wie sich seine Seele in inneren Kämpfen windet. Hier Gott, der ihn ruft und nicht aufhört – dort die früheren Gewohnheiten, ‚die alten Freundinnen', sagt er.

‚Und sie zogen mich verlockend am Kleid des Fleisches und sagten zu mir: Was, Augustinus?! Du – und uns verlassen? Paß auf: dann kannst du nicht mehr dieses machen und nicht mehr jenes machen und es für immer nicht mehr machen!' – Schwierige Sache! – ‚Ich kam mir vor wie einer, der morgens im Bett liegt. Er wird gerufen: Heraus, Augustinus, aufstehen! Ich dagegen habe gerufen: Ja, aber später, nur noch ein bißchen! Schließlich hat der Herr mir einen Ruck gegeben, und ich war draußen.'

Also, man darf nicht sagen: ‚Ja, aber; ja, aber später', sondern man muß sagen: ‚Ja, Herr; sofort!' Das ist der Glaube. Dem Herrn großherzig antworten. Aber wer sagt dieses Ja? Wer demütig ist und sich ganz und gar Gott anvertraut." *(13. 9. 1978)*

Mit ganzem Herzen:

„Unterstreiche hier das Wörtchen ‚ganz, total'. Totalitarismus ist in der Politik eine schlimme Sache. In der Religion, Gott gegenüber, geht das jedoch hervorragend. Es steht geschrieben: ‚Darum sollst du den Herrn, deinen Gott, lieben mit ganzem Herzen, mit ganzer Seele und mit ganzer Kraft ...' Gott ist zu groß, wir schulden ihm zuviel, als daß wir ihm wie einem armen Lazarus nur ein paar Brocken von unserer Zeit und unserem Herzen hinwerfen könnten. Er ist unermeßliches Gut und wird unsere ewige Seligkeit sein. Geld, Vergnügen, Güter dieser Welt sind im Vergleich zu ihm nur Bruchstücke des Guten und flüchtige Augenblicke der Seligkeit. Es wäre wirklich nicht klug, so viel von uns an diese Dinge hinzugeben und so wenig von uns an Jesus." *(27. 9. 1978)*

Sich klein fühlen vor Gott:
„Um gut zu sein, muß man aufpassen, daß man sich richtig verhält: vor Gott, vor den Nächsten und vor sich selber. Vor Gott ist die richtige Haltung die von Abraham, der gesagt hat: ‚Ich bin nur Staub und Asche vor dir, o Herr!' Wir müssen uns klein fühlen vor Gott. Wenn ich sage: ‚Herr, ich glaube', dann schäme ich mich nicht, mich dabei wie ein Kind vor seiner Mutter zu fühlen; man glaubt an seine Mutter; ich glaube an den Herrn, an das, was er mir geoffenbart hat."

(6. 9. 1978)

Drei Gebete – eine Hoffnung:
„In Camp David, in Amerika, arbeiten die Präsidenten Carter und Sadat und Premierminister Begin für den Frieden im Nahen Osten ... Ich war tief davon beeindruckt, daß die drei Staatsmänner ihre Hoffnung auf Gott öffentlich zum Ausdruck bringen wollten durch das Gebet. Die Glaubensbrüder des Präsidenten Sadat sind gewohnt zu sagen: ‚In schwarzer Nacht ein

schwarzer Stein und auf dem Stein eine schwarze Ameise: Gott sieht sie, er vergißt sie nicht.' Präsident Carter, ein überzeugter Christ, liest im Evangelium: ,Klopft an, und es wird euch aufgetan. Bittet, und es wird euch gegeben. Kein Haar wird von eurem Kopf fallen ohne euren Vater im Himmel.' Und Premierminister Begin erinnert daran, daß das jüdische Volk einst schwere Zeiten erlebte und sich klagend an den Herrn wandte: ,Du hast uns verlassen, hast uns vergessen.' – ,Nein', antwortete Gott durch den Propheten Jesaja, ,kann denn eine Mutter ihr eigenes Kind vergessen? Aber selbst wenn das geschehen könnte, Gott wird sein Volk niemals vergessen.'"

(10. 9. 1978)

Hoffen gegen alle Hoffnung:
„Hoffen ist nicht häßlich oder hart. Wer die Hoffnung lebt, geht in einer Atmosphäre des Vertrauens und der Gelassenheit. Er spricht mit dem Psalmisten: ,Herr, du bist mein Fels, mein Schild, meine Stärke, meine Zuflucht, mein Licht, mein Hirte, mein Heil. Mag ein Heer mich belagern, mein Herz wird sich nicht fürchten. Und wenn der Kampf gegen mich losgeht, auch dann bin ich voll Zuversicht.'

Ihr werdet sagen: ,Ist das nicht übertrieben optimistisch? Ist das möglich, daß für ihn immer alles glatt gegangen ist?' Nein, es ging nicht immer alles glatt. Das weiß er; er sagt, daß die Schlechten oft die Glücklichen und die Guten die Gequälten sind. Darüber hat er sich manchmal sogar beim Herrn beklagt. Er ging so weit, zu sagen: ,Warum schläfst du, Herr? Warum schweigst du? Wach auf, Herr, höre mich!' Aber seine Hoffnung ist ihm geblieben, fest, unzerstörbar. Von ihm und von allen, die hoffen, läßt sich sagen, was Paulus von Abraham gesagt hat: ,Gegen alle Hoffnung hat er voll Hoffnung geglaubt.'"

(20. 9. 1978)

Einen Sprung nach vorn:

„Ich war dabei, als Papst Johannes am 11. Oktober 1962 das Konzil eröffnete. An einer Stelle hat er gesagt: ,Wir hoffen, daß die Kirche mit dem Konzil einen Sprung nach vorn tut.' Das haben wir alle gehofft. Sprung nach vorn – doch auf welchem Weg? Das hat er gleich gesagt: auf dem der sicheren und unveränderlichen Wahrheiten. Papst Johannes hat nicht einmal im Traum daran gedacht, daß es die Wahrheiten seien, die loszugehen und allmählich sich zu ändern hätten. Die Wahrheiten bleiben. Wir müssen uns in Bewegung setzen, wir müssen den Weg dieser Wahrheiten gehen: sie immer besser verstehen, uns ihnen anpassen, sie in einer Weise vorlegen, die den neuen Zeiten gerecht wird."

(13. 9. 1978)

Befreien und erlösen:

„Beim Konzil habe auch ich für die ,Botschaft an die Welt' gestimmt. In dieser Botschaft der Konzilsväter hieß es: Bei ihrer Hauptaufgabe, zu ,vergöttlichen', sei die Kirche nicht von der Aufgabe entbunden, zu ,vermenschlichen'. Ich habe für ,Gaudium et spes' [die Konzilskonstitution über die Kirche in der Welt von heute] gestimmt. Ich war bewegt und begeistert, als ,Populorum progressio' [die Enzyklika Papst Pauls VI. über den Fortschritt der Völker] herauskam. Ich meine, das kirchliche Lehramt kann gar nicht genug zur Lösung der großen Probleme der Freiheit, der Gerechtigkeit, des Friedens und der Entwicklung beitragen, und die katholischen Laien können gar nicht genug für die Lösung dieser Probleme kämpfen. Es ist jedoch ein Irrtum, zu behaupten, daß die politische, wirtschaftliche und soziale Befreiung mit dem Heil in Jesus Christus zusammenfalle, daß das Reich Gottes identisch sei mit dem Reich des Menschen, daß es zuträfe: ‚Ubi Lenin, ibi Jerusalem' [‚Wo Lenin, da Jerusalem']." *(20. 9. 1978)*

Den Glauben bewahren:
„Kaum Papst geworden, ging ich als erstes in die Privatkapelle der päpstlichen Wohnung. Für die Rückwand der Kapelle hatte Papst Paul zwei Mosaiken machen lassen: Petrus und Paulus. Petrus, wie er stirbt; Paulus, wie er stirbt. Unter dem Bild des heiligen Petrus, der gekreuzigt wird, stehen die Worte Jesu: ‚Ich habe für dich gebetet, Petrus, damit dein Glaube nicht erlischt.' Unter dem Bild des heiligen Paulus, der enthauptet wird: ‚Ich habe den Lauf vollendet, den Glauben bewahrt.' Ihr wißt, daß Paul VI. bei seiner letzten Ansprache am 29. Juni gesagt hat: ‚Nach fünfzehn Jahren Pontifikat darf ich dem Herrn danken, daß ich den Glauben verteidigt und bewahrt habe.'"
(13. 9. 1978)

Die Liebe vermag alles

Die Reise zu Gott:
„In der ‚Nachfolge Christi' steht: ‚Wer liebt, der läuft, der fliegt, der freut sich.' Gott lieben heißt also mit dem Herzen eine Reise zu Gott machen. Eine wun-

dervolle Reise. Als Junge war ich von den Reisen begeistert, die Jules Verne beschrieb. Aber die Reisen zu Gott sind viel spannender. Darüber kann man im Leben der Heiligen lesen.

Die Reise bringt auch Opfer mit sich, sie dürfen uns nicht aufhalten. Franz von Sales sagte einmal: ‚Jesus am Kreuz – du willst ihn umarmen? Das geht nicht, wenn du dich nicht auf das Kreuz beugst und von den Dornen der Krone stechen läßt, die der Herr auf dem Kopf hat.' Und ein andermal sagte der gleiche Heilige: ‚Du kannst nicht dastehen wie Petrus, der auf dem Tabor gut rufen hatte: Es lebe Jesus, dort, wo die Freude war, aber der sich auf Golgota bei Jesus überhaupt nicht mehr sehen ließ, dort, wo die Gefahr und der Schmerz waren.''' *(27. 9. 1978)*

Die Liebe kann alles, nicht die Gewalt:
„In diesem Jahr ist der 30. Todestag des großen katholischen Schriftstellers Georges Bernanos. Eines seiner bekanntesten Werke heißt: ‚Die begnadete Angst' ... Die Geschichte beruht auf historischen Tatsachen. Pius X. hat 1906 hier in Rom die sechzehn Karmelitinnen von Compiègne seliggesprochen, die in der Französischen Revolution als Märtyrinnen starben. Sie wurden im Prozeß verurteilt: ‚Des Todes schuldig wegen Fanatismus'.' Eine Schwester fragte in ihrer Einfalt: ‚Herr Richter, bitte, was bedeutet das: Fanatismus?' Und der Richter: ‚Eure sture Anhänglichkeit an die Religion.' Da sagte die Nonne: ‚O Schwestern, habt ihr gehört, man verurteilt uns wegen unserer Anhänglichkeit an den Glauben. Welches Glück, für Jesus Christus zu sterben!' Man brachte sie aus dem Ge-

fängnis der Conciergerie, ließ sie den berüchtigten Karren besteigen; unterwegs sangen sie fromme Lieder. Am Schafott angekommen, knieten sie der Reihe nach vor der Priorin nieder und erneuerten ihr Gehorsamsgelübde. Dann stimmten sie das ,Veni creator' an; jedesmal, wenn der Kopf einer der armen Schwestern unter der Guillotine fiel, wurde der Gesang leiser. Die letzte war die Priorin, Schwester Theresia vom heiligen Augustinus. Ihre letzten Worte: ,Die Liebe wird immer siegen, die Liebe kann alles.' Das ist das richtige Wort: Nicht die Gewalt kann alles, sondern die Liebe kann alles." *(24. 9. 1978)*

Das Halleluja der verlangenden Liebe:
„,Gegen alle Hoffnung voller Hoffnung glauben', wie kann das geschehen? Es geschieht, wenn man sich an drei Wahrheiten klammert: Gott ist allmächtig, Gott liebt mich maßlos, Gott ist seinen Verheißungen treu. Er selbst, der Gott des Erbarmens, entzündet in mir das Vertrauen. Deshalb fühle ich mich weder allein noch überflüssig, noch im Stich gelassen, sondern er hat mich auf einen Weg des Heils gebracht, der eines Tages im Paradies endet.

Augustinus hat einmal an Ostern eine Predigt über das Halleluja gehalten. Er sagt ungefähr: Das Halleluja, das wir im Paradies singen, wird das Halleluja der erfüllten Liebe sein. Das Halleluja, das wir heute singen, ist das Halleluja der verlangenden Liebe, das heißt der Hoffnung." *(20. 9. 1978)*

Mit Taten lieben:
„Bei manchen Menschen ist es leicht, sie zu lieben. Bei anderen schwer; sie sind uns nicht sympathisch, sie haben uns verletzt und Böses getan. Nur wenn ich Gott im Ernst liebe, komme ich dazu, diese anderen zu lieben, weil sie Kinder Gottes sind und er mich darum bittet. Jesus hat auch festgelegt, wie wir den Nächsten lieben sollen: nicht nur mit Gefühlen, sondern mit Taten. Darauf kommt es an." *(27. 9. 1978)*

Die kleinen Zeichen der Nächstenliebe:
„Man muß gut sein zum Nächsten, der Herr hat es so eindringlich befohlen. Ich empfehle immer nicht nur die großen Zeichen der Liebe, sondern auch die kleinen. In einem Buch des Amerikaners Carnegie mit dem Titel ‚Wie man Freunde gewinnt' habe ich folgende kleine Episode gelesen: Eine Frau hatte vier Männer zu Hause, den Ehemann, einen Bruder, zwei große Söhne. Sie allein mußte einkaufen, waschen, bügeln, kochen, alles. Eines Sonntags kamen sie nach Hause. Der Tisch war zum Mittagessen gerichtet, aber auf dem Teller war nur eine Handvoll Heu. Die anderen protestieren und sagen: ‚Was denn, Heu!' Sie sagt: ‚Nein, es ist alles vorbereitet, laßt euch nur etwas sagen. Ich sorge für Abwechslung im Essen, ich mache für euch sauber, ich mache alles. Aber ihr habt noch nie gesagt: Du hast etwas Gutes gekocht. Sagt doch einmal so etwas! Ich bin nicht aus Stein.' Man arbeitet lieber, wenn man anerkannt wird. Es geht um die kleinen Erweise der Nächstenliebe. Wir haben alle jemanden bei uns zu Hause, der ein Kompliment erwartet." *(6. 9. 1978)*

Sich nicht für einen halben Heiligen halten:
„Ich riskiere, eine Ungereimtheit zu sagen, aber ich sage es: Der Herr liebt die Demut so sehr, daß er manchmal schwere Sünden zuläßt. Warum? Weil diejenigen, die sie begangen haben, hinterher, wenn sie sie bereut haben, demütig bleiben. Man ist nicht dazu aufgelegt, sich für einen halben Heiligen, für einen halben Engel zu halten, wenn man weiß, daß man sich schwer verfehlt hat. Der Herr hat so oft verlangt: Seid demütig. Auch wenn ihr große Dinge vollbracht habt, sagt: Wir sind unnütze Knechte. Wir dagegen tendieren alle in die gegenteilige Richtung, wir wollen uns zur Schau stellen. Machen wir uns nichts vor: Es ist eine christliche Tugend, die uns selber betrifft."

(6. 9. 1978)

Unsere lieben Unvollkommenheiten:
„Vor vielen Jahren hat eine unbekannte Frau bei mir gebeichtet. Sie war verzweifelt, weil sie, wie sie sagte, ein stürmisch bewegtes Leben hinter sich hatte. ‚Darf ich fragen', sagte ich, ‚wie alt Sie sind?' – ‚Fünfunddreißig.' – ‚Fünfunddreißig! Da haben sie ja noch vierzig oder fünfzig Jahre vor sich und können noch eine Menge Gutes tun. Sie haben bereut, und jetzt denken Sie nicht mehr an das, was war, sondern stürzen Sie sich auf die Zukunft, und beginnen Sie mit Gottes Hilfe ein neues Leben!' Und ich erwähnte bei jener Gelegenheit den heiligen Franz von Sales, der von ‚unseren lieben Unvollkommenheiten' spricht. Ich erläuterte das: Gott verabscheut alle Verfehlungen, weil es Verfehlungen sind. Andererseits aber liebt er in einem gewissen Sinne unsere Verfehlungen, weil

sie für ihn ein Anlaß sind, sein Erbarmen zu zeigen, und für uns ein Anlaß, demütig zu bleiben sowie die Verfehlungen unseres Nächsten zu verstehen und zu ertragen." *(20. 9. 1978)*

Noch mehr Grund, geliebt zu werden:
„Wir wissen, Gott hat immer seine Augen für uns offen, auch wenn es uns Nacht zu sein scheint. Er ist Vater; noch mehr, er ist Mutter. Er will uns nichts Böses tun, er will uns nur Gutes tun, allen. Wenn die Kinder krank sind, haben sie noch mehr Recht darauf, von der Mutter geliebt zu werden. Auch wir haben, wenn wir an der Krankheit unserer Schlechtigkeit leiden, noch mehr Recht darauf, vom Herrn geliebt zu werden." *(10. 9. 1978)*

Wie ein guter Hirt sein soll

Ein Rettungsring für den Papst:
„In Venetien sagt man: Jeder gute Dieb hat seinen Heiligen. Auch der Papst hat so ein paar Heilige, darunter Gregor den Großen, dessen Fest auf den heutigen Tag fällt ... Er hat sehr schöne Bücher geschrieben, darunter die ‚Pastoralregel'. Sie belehrt die Bischöfe über ihren Beruf, aber im letzten Teil stehen diese Worte: ‚Ich habe beschrieben, wie ein guter Hirte sein soll, aber ich bin es nicht. Ich habe gezeigt, wie das Ufer der Vollkommenheit zu erreichen ist, aber selber bin ich noch in der Brandung meiner Fehler, meiner Vergehen. Und darum, damit ich nicht Schiffbruch erleide, werft mir einen Rettungsring zu aus euren Gebeten.' Ich sage dasselbe." *(3. 9. 1978)*

Zu den Römern in der Lateranbasilika:
„Es ist Gottes Gesetz, daß man einem nicht Gutes tun kann, wenn man ihm vorher nicht gut will. Deshalb hat der heilige Pius X., als er nach Venedig als Patriarch kam, in San Marco gesagt: ‚Was würde aus mir, wenn ich euch nicht liebte?' Ich sage den Römern etwas Ähnliches: Ich kann euch versichern, daß ich euch liebe, daß ich nur den Wunsch habe, in euren Dienst zu treten und allen meine geringen Kräfte zur Verfügung zu stellen, das wenige, was ich habe und was ich bin." *(23. 9. 1978)*

Was zum „Handwerk" gehört:
„Obwohl ich schon zwanzig Jahre lang den Bischof in Vittorio Veneto und in Venedig gemacht habe, gestehe ich, daß ich noch nicht richtig ‚das Handwerk gelernt' habe. In Rom will ich in die Schule des heiligen Gregor des Großen gehen, der schreibt: ‚Der Hirt sei jedem der Untergebenen mitfühlend nahe. Seinen Rang soll er vergessen; dem guten Untergebenen soll er sich als gleich ansehen; dem schlechten gegenüber soll er keine Furcht haben, die Rechte seiner Autorität auszuüben. Er bedenke: Während alle Untergebenen himmelhoch preisen, was er gut gemacht, wagt keiner, zu tadeln, was er schlecht gemacht hat. Wenn er gegen das Laster vorgeht, höre er nicht auf, in Demut anzuerkennen, daß er den von ihm getadelten Brüdern gleich ist. Vor Gott wisse er sich um so mehr als Schuldner, je ungestrafter seine Taten vor den Menschen bleiben.'" *(23. 9. 1978)*

Keine Vogelscheuche:

„Augustinus sagte: ‚Praesumus, si prosumus' – wir Bischöfe sind Vorsteher, wenn wir Diener sind. Unser Vorsteheramt ist dann in Ordnung, wenn es auf Dienst hinausläuft, wenn es geübt wird mit dem Ziel des Dienens, im Geist und Stil des Dienens. Dieser bischöfliche Dienst würde jedoch versäumt werden, wenn der Bischof die erhaltenen Vollmachten nicht ausüben würde. Wiederum sagte Augustinus: ‚Der Bischof, der nicht (durch Verkündigung und Leitung) der Allgemeinheit dient, ist nur ein foenus custos, ein Strohmann, eine Vogelscheuche, die im Weinberg steht, damit die Vögel nicht die Trauben picken.'"

(7. 9. 1978)

Geht es anderen besser als uns?

„Seit zwanzig Jahren bin ich Bischof. Manchmal tat es mir leid, daß ich einen nicht belohnen konnte, der es verdient hätte; aber entweder war die richtige Stelle nicht frei oder ein geeigneter Ersatz nicht da, oder es kam sonst etwas dazwischen. Andererseits hat Franz von Sales geschrieben: ‚Es gibt keinen Beruf, der nicht seinen Ärger, seine Bitterkeit, seinen Überdruß hätte. Außer denen, die sich völlig dem Willen Gottes übergeben haben, möchte jeder gern die eigenen Lebensbedingungen mit denen anderer tauschen. Jene, die Bischöfe sind, möchten es nicht sein; die verheiratet sind, möchten es nicht sein, und die es nicht sind, möchten es sein. Woher kommt diese allgemeine Unruhe des Geistes, wenn nicht aus einer Überempfindlichkeit, die wir gegenüber Bindungen haben, und aus einer nicht guten Gesinnung, die unterstellt, anderen ginge es besser als uns?'" *(7. 9. 1978)*

Gott in einem Menschen:

„Ihren Priester mit Gott verbunden zu sehen, das ist heute der Wunsch von vielen guten Gläubigen. Sie denken wie jener Rechtsanwalt aus Lyon, der von einem Besuch beim Pfarrer von Ars zurückkam. ‚Was habt Ihr in Ars gesehen?' wurde er gefragt. Seine Antwort: ‚Ich habe Gott in einem Menschen gesehen.' Ähnlich denkt der heilige Gregor der Große. Er wünscht, daß der Seelenhirt mit Gott im Dialog sei, ohne die Menschen zu vergessen, und daß er mit den Menschen im Dialog sei, ohne Gott zu vergessen."

(7. 9. 1978)

Das Bild von Roß und Reiter:

„Die Lesung (Hebr 13,7–8.15–17.20–21) spricht vom Gehorsam, und ich muß gestehen, das bringt mich ein wenig in Verlegenheit. Es ist heute so schwierig, zu überzeugen, wenn man die Rechte der menschlichen Person den Rechten der Autorität und des Gesetzes gegenüberstellt. Im Buch Ijob ist von einem Schlachtroß die Rede: Es springt wie ein Heuschreck und wiehert; es scharrt mit dem Huf die Erde, dann bäumt es sich wieder auf; als die Trompete ertönt, wiehert es vor Freude; es wittert von ferne den Kampf, die Rufe der Führer und das Geschrei des Heeres. Ein Symbol der Freiheit. Die Autorität dagegen gleicht einem klugen Reiter, der das Roß besteigt und bald mit leiser Stimme, bald mit klugem Einsatz der Sporen und der Peitsche es anspornt oder auch seinen ungestümen Lauf mäßigt, es zügelt und zum Stehen bringt. Roß und Reiter, Freiheit und Autorität, in Einklang zu bringen ist ein Problem der Gesellschaft geworden. Und auch der Kirche. Beim Konzil hat man versucht, es – im vierten Kapitel der Kirchenkonstitution ‚Lumen gentium' – zu lösen." *(23. 9. 1978)*

Über die „große" Disziplin der Kirche:
„Die ‚kleine' Disziplin beschränkt sich auf die rein äußere und formale Einhaltung juristischer Normen. Ich möchte jedoch von der ‚großen' Disziplin sprechen. Sie ist nur dann gegeben, wenn die äußere Einhaltung die Frucht tiefer Überzeugung und freier, freudiger Ausdruck eines mit Gott zuinnerst verbundenen Lebens ist. Es handelt sich, wie Abbé Chautard schreibt, um die Tätigkeit einer Seele, die ständig danach strebt, ihre schlechten Neigungen zu beherrschen; nach und nach will sie es sich zur Gewohnheit machen, in allen Lebenssituationen nach den Leitsätzen des Evangeliums und dem Beispiel Jesu zu urteilen und zu handeln. Die Neigungen zum Bösen beherrschen, das ist Disziplin. ‚Nach und nach' deutet darauf hin, daß sie eine andauernde, lange, nicht leichte Anstrengung erfordert." *(7. 9. 1978)*

„Nimm mich, wie ich bin; mach mich, wie du willst"

Ein kleines Gebet:
„Versuchen wir, die Kirche dadurch besser zu machen, daß wir besser werden. Jeder von uns und die ganze Kirche könnten das Gebet sprechen, das ich gewohnt bin zu sprechen: ‚Herr, nimm mich, wie ich bin, mit meinen Fehlern, mit meinen Schwächen, aber mach mich, wie du willst!'" *(13. 9. 1978)*

Den Herrn finden – ohne Gehorsam?

„Ich erinnere mich an einen der großen Augenblicke meines Lebens, damals, als ich meine Hände in die des Bischofs legte und sprach: ‚Promitto – Ich gelobe.' Seit diesem Augenblick habe ich mich für das ganze Leben verpflichtet gefühlt, und niemals dachte ich, es sei nur eine Zeremonie ohne Bedeutung gewesen. Ich hoffe, die Priester Roms denken genauso. Ihnen und den Ordensleuten würde der heilige Franz von Sales das Beispiel des heiligen Johannes des Täufers in Erinnerung rufen, der sich so danach sehnte, dem Herrn nahe zu sein, und doch fern von ihm in der Einsamkeit lebte. Warum? Wegen des Gehorsams. Der Heilige schreibt: ‚Jener wußte: den Herrn außerhalb des Gehorsams finden bedeutet – ihn verlieren.'"

(23. 9. 1978)

Eine wunderbare Seife:

„Ein englischer Pfarrer, McNabb, hatte im Hyde Park über die Kirche gesprochen. Hinterher meldete sich einer zu Wort und sagte: ‚Schöne Rede. Ich kenne aber katholische Priester, die nicht bei den Armen leben, sondern sich selbst reich gemacht haben. Ich kenne auch katholische Männer, die ihre Ehefrau betrogen haben. Diese Kirche, die aus lauter Sündern besteht, gefällt mir nicht.' Darauf der Pfarrer: ‚Schon recht, aber kann ich was dagegensagen?' – ‚Na, mal los!' – ‚Entschuldigung, aber täusche ich mich, oder ist der Kragen von Ihrem Hemd ein bißchen dreckig?' – ‚Kann schon sein.' – ‚Ist er nun dreckig, weil Sie keine Seife genommen haben oder weil die Seife nichts taugt?' – ‚Nein, ich habe keine Seife genommen.' – Sagt der Pfarrer: ‚Sehen Sie. Auch die katholische Kirche hat ausgezeichnete Seife: Evangelium, Sakramente, Gebet. Das Evangelium, das man liest und lebt, die Sakramente, die man in rechter Weise feiert, das Gebet, das man gut macht, das wäre eine wunderbare Seife; die könnte uns alle zu Heiligen machen.'"

(13. 9. 1978)

Mit den Geboten ist es wie mit einem Auto...:
„Die Gebote sind manchmal sehr schwer zu befolgen, aber Gott hat sie uns nicht aus Laune gegeben, nicht seinetwegen, sondern einzig und allein unseretwegen. Einmal ist einer zu einem Autohändler gegangen, um ein Auto zu kaufen. Der Händler hat zu ihm gesagt: ‚Schauen Sie, das Auto bringt gute Leistungen, behandeln Sie es gut, Superbenzin in den Tank und für die Lager Öl, und zwar das bessere.' Der andere: ‚Auf keinen Fall, ich kann weder den Geruch von Benzin noch den von Öl ausstehen; in den Tank werde ich Sekt füllen, den ich so gern mag, und die Lager werde ich mit Marmelade schmieren.' Der Händler: ‚Machen Sie, was Sie wollen, aber beklagen Sie sich nicht bei mir, wenn Sie mit Ihrem Wagen im Graben landen.'"

(6. 9. 1978)

Die wahren Schätze der römischen Kirche:
„Rom wird eine wahre christliche Gemeinde sein, wenn Gott hier verherrlicht wird: nicht nur durch den Zustrom der Gläubigen zu den Kirchen, nicht nur durch die untadelige Lebensführung der Gläubigen, sondern auch durch die Liebe zu den Armen. Sie sind – wie der römische Diakon Laurentius sagte – die wahren Schätze der Kirche. Jeder, der kann, muß ih-

nen helfen, mehr zu haben und mehr zu sein. Sie dürfen nicht erniedrigt und beleidigt werden durch protzenden Reichtum, durch Geld, das für unsinnige Dinge vergeudet und nicht – soweit möglich – für Aufgaben des gemeinsamen Wohls ausgegeben wird."

(23. 9. 1978)

Die Eltern lieben, auch wenn sie alt sind:
„Als ich Bischof von Venedig war, ging ich manchmal in Altersheime. Einmal habe ich eine kranke alte Frau angetroffen. ‚Wie geht es?' – ‚Nun, das Essen ist gut, die Heizung in Ordnung.' – ‚Sie sind also zufrieden?' – ‚Nein', sagte sie und fing beinahe an zu weinen. ‚Warum weinen Sie?' – ‚Meine Schwiegertochter und mein Sohn kommen nie zu Besuch. Ich möchte die Enkel sehen.' Die Heizung, das Essen genügen nicht. Der Mensch hat ein Herz – man muß auch an das Herz unserer alten Leute denken. Der Herr hat gesagt, daß man die Eltern respektieren und lieben muß, auch wenn sie alt sind." *(6. 9. 1978)*

Die Tugend des Humors:
„Thomas von Aquin zählt zu den Tugenden die ‚iucunditas', das heißt die Fähigkeit, Gehörtes und Gesehenes – wo möglich und angebracht – mit Humor zu nehmen und es in Heiterkeit zu verwandeln. Von solcher Tugend – erklärte ich meinen Schülern – war jener irische Maurer, der vom Gerüst fiel und sich die Beine brach. Im Krankenhaus kamen Doktor und Schwester. ‚Sie Ärmster', sagte diese, ‚da haben Sie sich aber beim Herunterfallen schön wehgetan.' – Daraufhin der Ire: ‚Genaugenommen, Schwester,

nicht als ich herunterfiel, sondern als ich unten ankam.'

Einen Spaß machen und zum Lachen bringen, das hält Thomas von Aquin also für eine Tugend. Dabei befindet er sich in vollem Einklang mit der ‚Frohen Botschaft', die Jesus brachte, mit der ‚hilaritas', der Heiterkeit, die Augustinus empfahl. Der Pessimismus ist besiegt, Freude ist in das christliche Leben eingezogen; wir sind eingeladen, uns mit den unschuldigen Freuden, die wir auf unserem Weg finden, Mut zu machen." *(20. 9. 1978)*

Keine Falle:

„Im vorigen Jahrhundert gab es in Frankreich den großen Professor Ozanam; er lehrte an der Sorbonne und war ein glänzender Redner. Sein Freund war der berühmte Dominikaner und Prediger Lacordaire. Der sagte von ihm: ‚So ein fähiger, guter Mann! Das gibt einen Priester, einen großen Bischof!' Nein. Ozanam lernte ein liebes Mädchen kennen, und sie heirateten. Lacordaire war verärgert, er sagte: ‚Armer Ozanam. Jetzt ist auch er in die Falle getappt!' Zwei Jahre später kam Lacordaire nach Rom. Er wurde von Pius IX. empfangen, der zu ihm sagte: ‚Kommen Sie, Pater, kommen Sie. Ich habe immer sagen hören, daß Jesus sieben Sakramente eingesetzt hat. Jetzt kommen Sie und verdrehen mir alles. Sie sagen, er habe sechs Sakramente eingesetzt und eine Falle! Nein, Pater, die Ehe ist keine Falle, sie ist ein großes Sakrament!'"

(13. 9. 1978)

Jeden Tag mehr lieben:
„In einem Zeitungsartikel, den ich einmal schrieb, erlaubte ich mir, zu scherzen, indem ich den französischen Schriftsteller Montaigne zitierte, der sagte: ‚Die Ehe ist wie ein Käfig: die draußen sind, tun alles, um hineinzukommen; die drinnen sind, tun alles, um herauszukommen.' Einige Tage später erhielt ich einen Brief von einem alten Schulmeister, der auch Bücher geschrieben hatte. In diesem Brief machte er mir den Vorwurf: ‚Das war nicht richtig, Herr Bischof, was sie von Montaigne zitiert haben. Meine Frau und ich, wir sind seit sechzig Jahren verheiratet, und jeder Tag ist wie der erste.' Und dann zitierte er selbst einen anderen französischen Dichter: ‚Ich liebe dich jeden Tag mehr, heute mehr als gestern, aber weniger als morgen.'" *(6. 9. 1978)*

Neuntes Kapitel
Papst für dreiunddreißig Tage

„Nennt mich nicht: Heiligkeit", sagte Johannes Paul I. schon nach wenigen Tagen zu den Menschen seiner täglichen Umgebung. Solche Titulatur lag nicht in seinem Stil, genausowenig wie Tiara, Sedia gestatoria, Fußkuß oder Majestätsplural. Sein Wahlspruch bestand nur aus einem Wort: Humilitas – Demut.

Eine echte, unverkrampfte Demut hat immer etwas Kindliches an sich. Johannes Paul I. fühlte sich zu den Kindern hingezogen; schon früher hatte er bei Predigten oft ein Kind zu sich gerufen und sich mit ihm unterhalten. Als Papst machte er es genauso; seine improvisierten Dialoge werden sich den meisten Audienzbesuchern tiefer eingeprägt haben, als es ein abgelesenes Redemanuskript je vermocht hätte. „Also, wie heißt du?" fragte er einen Meßbuben aus Malta, den er zu sich gerufen hatte. – „James." – „Sag, James, bist du schon einmal krank gewesen?" – „Nein." – „Du warst noch nie krank?" – „Nein." Schwierige Situation; das Gespräch läuft anders, als alle erwartet hätten. Aber der Papst weiß sich zu helfen und lockt ihm doch noch die Antwort heraus, auf die es ihm ankam: „Du Glücklicher. Aber wenn ein

Kind krank ist, wer bringt ihm dann das Essen und die Medizin?" – „Die Mutter." – „Na also. Dann wirst du groß, und die Mutter wird alt. Und wenn die arme Mutter krank im Bett liegt, wer bringt ihr dann das Essen und die Medizin?" – „Ich und meine Geschwister." Und genau darauf wollte der Papst als Katechet hinaus, auf das vierte Gebot, auf die Liebe zu den Eltern.

Liebe war das Thema seiner letzten Generalaudienz am Mittwoch, dem 27. September 1978. Wegen der über 15000 Besucher wurde sie geteilt; für die deutschsprachigen Pilger hielt der Papst sie in der Peterskirche. In seiner ersten und letzten deutschen Audienzansprache sagte er:

„Meine Mutter hatte mich folgendes Gebet gelehrt: ‚Mein Gott, mit ganzem Herzen und mehr als alles andere liebe ich dich, unendliches Gut, meine ewige Seligkeit. Und aus Liebe zu dir liebe ich meinen Nächsten wie mich selbst, bin ich bereit, empfangenes Unrecht zu verzeihen. Mein Herr und Gott: daß meine Liebe zu dir noch wachse!'

Dieses Gebet spreche ich noch heute, jeden Tag. Betrachtet es Wort für Wort! Ja, ‚mit ganzem Herzen lieben' – das ist die einzige Stelle, wo der Mensch extrem sein darf oder soll: in der Liebe zu Gott. Wer Gott liebt, erhält die Kraft und Ausdauer, auch den Nächsten zu lieben, sogar jenen, der uns ärgert oder beleidigt. Gerade dies ist der Wille Gottes: das Böse durch die Liebe zu besiegen, nicht nur im Gefühl, sondern auch in praktischen Taten. Die Welt bietet hundertfache Gelegenheit dazu. Nicht nur ein Lazarus liegt hungrig vor der Tür. Ganze Völker hungern. Noch immer ist die soziale Verpflichtung des Privateigentums nicht genügend verwirklicht. Noch immer steigert sich der unselige Rüstungswettlauf.

Wie berechtigt sind deshalb für jeden die letzten Worte dieses Gebetes, die ich noch einmal wiederhole: ‚Mein Herr und Gott: daß meine Liebe zu dir noch wachse.' Das ist auch mein Segenswunsch für euch alle."

Die unfaßbare Nachricht

Nachdem die ersten Meldungen am Freitag, dem 29. September, schon vor 7 Uhr über den Rundfunk verbreitet worden waren, veröffentlichte der Vatikan um 7.42 Uhr folgendes offizielle Kommuniqué: „Heute morgen, den 29. September 1978, gegen 5.30 Uhr hat der Privatsekretär des Papstes, nachdem er den Heiligen Vater nicht wie gewohnt in der Kapelle der Privatwohnung antraf, ihn in seinem Zimmer gesucht und ihn tot auf dem Bett gefunden; das Licht brannte wie bei jemandem, der lesen will. Der sofort herbeigerufene Arzt, Dr. Renato Buzzonetti, hat den Tod bestätigt, der vermutlich gestern gegen 23 Uhr durch akuten Herzinfarkt eintrat."

Die Nachricht wirkte wie ein Schock. Von dem völlig unerwarteten, urplötzlichen Ereignis war die Weltöffentlichkeit tief betroffen, die Kirche aber weinte. Zu jäh war der Umschlag von der jubelnden Freude über diesen ihr geschenkten Papst in die tiefste Trauer darüber, daß er ihr so unfaßbar schnell wieder genommen sein sollte. Allen drängte sich unwillkürlich die Frage nach dem Warum auf. Die Antworten, die von der menschlichen Erfahrung und auch von der medizinischen Wissenschaft hierauf gegeben werden können, waren so wenig befriedigend, daß der Tod dieses Papstes zu einer weit über den Raum der Kirche hinausreichenden Lektion über das Geheimnis des menschlichen Lebens wurde.

Sein letzter Lebenstag verlief sozusagen ohne besondere Vorkommnisse. Lange Arbeit am Schreibtisch; tags zuvor hatte er zu seinem alten Generalvikar von Venedig, Msgr. Bosa, gesagt, daß er sehr viele Akten lesen müsse, und scherzend hinzugefügt, ob es außer der Schreibmaschine nicht auch eine „Lesemaschine" gäbe: „Die könnte ich sehr gut gebrauchen." Das letzte von ihm unterzeichnete Dokument war ein Schreiben in lateinischer Sprache an einen deutschen Bischof, den Apostolischen Administrator von Erfurt-Meiningen Hugo Aufderbeck, aus Anlaß der 700-Jahr-Feier der Severi-Kirche in Erfurt. Darin ist die Rede von der himmlischen Wohnung, „die der kurzen und oft schweren irdischen Pilgerschaft den wahren Sinn und das wahre Gewicht verleiht".

In Audienz empfing der Papst am Donnerstag den Apostolischen Nuntius in den Niederlanden sowie eine Gruppe von philippinischen Bischöfen, die mit ihrem Erzbischof von Cebu, Kardinal Rosales, zum sogenannten Ad limina-Besuch nach Rom gekommen waren, wie er für alle europäischen Bischöfe in fünfjährigem und für die außereuropäischen in zehnjährigem Abstand vorgeschrieben ist. Zum gleichen Anlaß hatte er eine Woche zuvor eine Gruppe nordamerikanischer Bischöfe empfangen. Für die Ansprachen bei diesen – wenn man will – „Routineaudienzen", in denen unter vielem anderen sich die Ausübung des obersten Hirtenamtes konkretisiert, hatte er thematische Schwerpunkte vorgesehen: „Auch wenn wir im päpstlichen Amt neu und bei den ersten Anfängen sind, möchten wir aktuelle Themen aufgreifen, die sich auf das Leben der Kirche tief auswirken und die zu den Hauptaufgaben Eures bischöflichen Amtes gehören", hatte er zu den Nordamerikanern gesagt und über die Familie als Gemeinschaft der Liebe gesprochen. Bei den philippinischen Bischöfen wählte er als Thema die volle Evangelisierung aller Getauften: „Liebe Brüder, wir sind eng mit Euch verbunden in Eurer Bemühung um die Evangelisierung: wenn Ihr Katechisten ausbildet, wenn Ihr das Bibelapostolat fördert, wenn Ihr Eure Priester in ihrer großen Sendung zum Dienst am Wort Gottes unterstützt und ermutigt, wenn Ihr Eure Gläubigen zum Verstehen und Befolgen der Pflichten der Liebe und christlichen Gerechtigkeit führt."

Gegen halb acht Uhr abends hatte er noch mit seinem Kardinalstaatssekretär Villot gesprochen; dabei ging es unter anderem um den Frieden im Nahen Osten, der nach den arabisch-israelischen Verhandlungen in Camp David beim amerikanischen Präsidenten Carter ein Stück nähergerückt schien. Über diese Hoffnung wollte er auch in der Botschaft sprechen, die er für die Dritte Generalversammlung der lateinamerikanischen Bischöfe in Puebla/Mexiko (geplant für den 12.–28. Oktober) vorbereitete. Um dem Frieden in dem vom Bürgerkrieg zerrissenen Libanon zu dienen, soll er auch eine Reise in den Libanon

 Seite 189: Der „Papst des Lächelns", wie ihn die Italiener bald nannten, bei einer allgemeinen Audienz.
Seite 190 oben: Mit dem Wiener Kardinal Franz König.
Darunter: Mit dem Münchner Kardinal Joseph Ratzinger.

geplant haben, wie der in Beirut residierende maronitische Patriarch von Antiochien aus einem Audienzgespräch berichtete. Nach dem Abendessen telephonierte er lange mit einem Freund, dem Mailänder Erzbischof Colombo; vielleicht gab es sozusagen „Geschäftliches" zu besprechen, vielleicht wollte er sich auch nur, wenigstens auf diese Weise, mit einem Vertrauten aussprechen. Am späten Abend sagte ihm einer der beiden Privatsekretäre die traurige Nachricht von dem am gleichen Tag in Rom verübten Mord an einem Jugendlichen, der vor einem Schaukasten die kommunistische Tageszeitung L'Unità las. „Jetzt fangen auch die Jungen an, sich zu ermorden", sagte er erschüttert, bevor er zum Schlafen ging – seine letzten Worte. Was danach geschah, bleibt sein Geheimnis.

Gegen 5.30 Uhr pflegte Johannes Paul I. aufzustehen, geweckt wurde er durch einen alten Wecker, den er aus Venedig mitgebracht hatte. Um 6 Uhr war die heilige Messe in der Privatkapelle, die sich in unmittelbarer Nähe des Schlafzimmers befindet. Als dem irischen Pater John Magee, einem der beiden Privatsekretäre (diesen hatte der Papst von Paul VI. übernommen, den anderen, Don Diego Lorenzi, aus Venedig geholt), die ungewohnte Stille am Freitag morgen auffiel, klopfte er am Schlafzimmer, ohne eine Antwort zu erhalten: es war die Totenstille. Das Licht brannte noch vom Abend vorher; bei einem letzten Überlesen von Schriftstücken für den nächsten Tag muß dem Papst plötzlich so schlecht geworden sein, daß er sich aufs Bett legte. Die rechte Hand war zur Faust ver-

Seite 191: Nach der Messe zum Amtsantritt am 3. 9. 1978 zusammen mit den Kardinälen Pericle Felici (ganz rechts), Joseph Höffner aus Köln (Mitte), Paul Zoungrana aus Obervolta (Mitte vorn) und Karol Wojtyla aus Krakau (links), der sein Nachfolger als Johannes Paul II. werden sollte.
Seite 192: Requiem für den toten Papst Johannes Paul I. am 4. 10. 1978 auf dem Petersplatz.

krampft, das Gesicht gedreht, die Gesichtszüge gespannt – stumme Zeugen des Todeskampfes.

Dann begann das Werk der letzten Pflichten gegenüber dem Toten. Man verzichtete auf eine Obduktion, die über die Todesursache im medizinischen Sinn vielleicht noch präziseren Aufschluß hätte geben können. Die rechtsgültige Feststellung des Todes wurde durch den Camerlengo der Heiligen Römischen Kirche, Kardinal Villot, vorgenommen, eine notarielle Urkunde hierüber aufgesetzt und unterzeichnet. Der Leichnam wurde mit roten Pontifikalgewändern bekleidet und gegen halb elf in der Sala Clementina aufgebahrt. Kardinäle, Mitarbeiter der Kurie, Angehörige, Vertreter des Staates, Vertreter der Presse nahmen Abschied von Papst Johannes Paul I. Um 14 Uhr öffnete man das Bronzeportal, und Rom setzte sich in Bewegung. Tausende von Menschen wollten ihren Papst zu einem letzten Mal sehen, eine lange Schlange bildete sich bis weit auf den Petersplatz hinaus. Samstag abend wurde der Leichnam nach Sankt Peter übertragen. Ein trotz anhaltendem Regen nicht unterbrochener Strom von Pilgern zog am toten Papst vorüber, ihre Zahl wird auf über eine halbe Million geschätzt.

Am 4. Oktober feierte der Kardinaldekan Confalonieri in Konzelebration mit 92 Kardinälen und zusammen mit etwa siebzigtausend Menschen auf dem Petersplatz die Totenmesse, die vom Fernsehen in 31 Länder der Welt übertragen wurde; anschließend erfolgte die Beisetzung in den Grotten der Peterskirche, gegenüber dem Grab des Papstes Marcellus II., der 1555 nach nur zweiundzwanzigtägiger Amtszeit gestorben war, und in unmittelbarer Nähe von Johannes XXIII. und Paul VI. An den neun folgenden Tagen wurde noch neunmal in Sankt Peter eine feierliche Totenmesse gehalten. Dann war mit dem 12. Oktober die offizielle Trauerzeit beendet, und am 14. Oktober 1978 begann ein neues Konklave.

Vom Tod mit Zärtlichkeit gesprochen

Der Tod von Johannes Paul I. löste Bedauern und Betroffenheit, Erschütterung, Trauer aus, in der sich die quälend offenen Fragen, lauthals geäußerten Zweifel, unüberhörbare Kritik mit Hoffnung, Vertrauen, Dank und schließlich Lob Gottes vermischten. An der Reaktion der Menschen wurde deutlich, wie sehr ein solches Ereignis und das Geschehen des Todes überhaupt nach Verstehen schreit, als ob der unverstandene Tod dem Menschen unerträglich sei, und doch stößt er den Menschen an die Grenze alles Verstehens. Neben den offiziellen Kondolenztelegrammen aus aller Welt und den ersten Stellungnahmen führender Vertreter der Kirche stand die Klage des Volkes, das diesen Papst ins Herz geschlossen hatte. „Auf Wiedersehen im Paradies, Papa Giovanni Paolo", hatten Jugendliche unter das große Bild des lächelnden Papstes geschrieben; sie hatten offenbar verstanden, wie Gott in diesem „Pfarrer vom Lande" gerade dem „einfachen" Volk Gottes zugelacht und ihm das ungewohnt hinreißende Bild einer jugendlichen Kirche gezeigt hatte.

„Zwei Stunden vor seinem unerwarteten Tod hatte

Johannes Paul I. zu mir gesagt: Bete für mich", begann der Mailänder Kardinal Colombo, mit dem der Papst am Abend des 28. September lange telefonierte, seine Trauerpredigt. „Seiner Bitte entsprechen wir in einer so ganz anderen Weise, als je einer hätte voraussehen können: mit den Totengebeten vertraut die Mailänder Kirche dem Erbarmen Gottes die Seele eines Papstes an, der gerade genügend Zeit hatte, um geliebt zu werden."

Der 85jährige Kardinaldekan Confalonieri, der schon bei Pius XI. Sekretär war und mit dem Alltagsleben von Päpsten seit Jahrzehnten vertraut ist, sagte in einem Interview: „Alle Päpste leben in einer Art institutionalisierter Einsamkeit. Papst Luciani hat sie wohl am härtesten erfahren. Er hatte immer inmitten des Volkes gelebt." Und in der Predigt während des Requiems auf dem Petersplatz: „Für diese von Haß und Gewalt überflutete Welt war Papst Johannes Paul die Botschaft der Güte in Person."

Im Generalat der Jesuiten tagten zufällig die 99 Delegaten aus allen Ordensprovinzen der ganzen Welt; zusammen mit dem Ordensgeneral sollten sie am Samstag vom Papst in Spezialaudienz empfangen werden. Am 30. August hatte Johannes Paul I. P. Pedro Arrupe in einem persönlichen Brief (selbst die Adresse war von ihm eigenhändig geschrieben) für dessen Ergebenheitsadresse gedankt: „Ihnen und der Gesellschaft Jesu danke ich sehr für die herzlichen Worte, die Sie mir gesandt haben, und vor allem für die Gebete und die Messen, die Sie feiern lassen, damit der Herr dem armen Papst helfe, die Arbeit und die fürchterlichen Probleme anzupacken, die auf ihn warten."

Und er vergaß dabei nicht einen Extragruß an seinen alten Lehrer von der Gregoriana, den inzwischen 96 Jahre alten P. Boyer. Der Ordensgeneral Arrupe sagte nun in seiner Predigt: „Wahrscheinlich kann kein Papst der Geschichte mit Johannes Paul I. verglichen werden, in der Leichtigkeit, sanften Anziehungskraft und Schnelligkeit, mit der er in die Herzen der Menschen auf der ganzen Welt eingedrungen ist... Wir können Gott nur danken für das große Geschenk dieses, wenn auch tragisch kurzen Pontifikats."

Der Generalmeister der Dominikaner erwähnt zu Beginn seiner Homilie eine kleine Geschichte von Don Luciani: „Man erzählt sich, daß er einmal beim Tod eines lieben Menschen gesagt hat: ‚Wir haben Gott keine Warums zu stellen, sondern wir müssen uns fragen: Und nun, was haben wir zu tun?'" Und zum Schluß meinte der Ordensmann: „Wenn unsere Bestürzung heute morgen so groß war, wer weiß, wie groß erst sein Erstaunen, seine Überraschung gewesen ist."

Am 6. Oktober hielt Kardinal Ratzinger in der Münchner Liebfrauenkirche das Pontifikalrequiem für den verstorbenen Papst. Am Schluß seiner Predigt knüpfte er eine tiefsinnige Verbindung zwischen Sterbetag und liturgischem Festtag: „Über dem Tod von Kardinal Döpfner stand tröstend die Gestalt des heiligen Christophorus, der Christus durch den Strom der Geschichte hindurchträgt. Über dem Sterben von Papst Paul VI. leuchtete das Licht der Verklärung Christi. Papst Johannes Paul ist heimgegangen in der Nacht zum Fest des heiligen Michael, den die Überlieferung den Psychopompos nennt, den Geleiter der

Seelen, der sie durch die Nacht des Todes hindurchführt zum Licht des Herrn. Und er wurde begraben am Fest des heiligen Franz von Assisi, des liebenswerten Heiligen, mit dem er soviel Ähnlichkeit hat. Für uns als Glaubende sind dies keine Spielereien. Es ist der authentische Ausdruck dafür, daß der Glaube die Zeit verwandelt hat, daß sie nicht mehr eine Summe gesichtsloser Tage ist, das leere Netz des Todes, in das wir irgendwann einmal alle ohne Wiederkehr hineinfallen. Die Zeit ist verwandelt. Durch den Herrn ist sie zur Geschichte Gottes und so zur Geschichte der Menschen mit Gott geworden, Menschen, die uns aus ihr heraus tröstend geleiten, Wegweisung geben, Zeichen der Hoffnung und der Zuversicht sind. Die Zeit ist nicht mehr das Netz des Todes, sondern die ausgestreckte Hand der Barmherzigkeit Gottes, die uns hält und sucht. Und seine Heiligen sind die Lichtsäulen, die uns den Weg zeigen und des Heils gewiß werden lassen inmitten des Dunkels der Erde. Zu diesen Lichtern wird er fortan gehören. Und was nur dreiunddreißig Tage gewährt hat, strahlt doch ein Licht aus, das uns nicht genommen werden kann."

Alberto Cavallari war eine Zeitlang der Chefredakteur der venezianischen Tageszeitung „Il Gazzetino", in der Patriarch Luciani so viele Artikel veröffentlicht hatte. Dieser Publizist, der sich selbst nicht als Katholik in einem kirchlich bindenden Sinne versteht, schrieb zum Tod des Papstes, anknüpfend an eine persönliche Begegnung mit ihm in Venedig im Winter 1969/70: „Der künftige Papst trug einen einfachen Priesterrock, der schon etwas abgetragen und am linken Ärmel geflickt war. Darunter schauten seine schweren Bauernschuhe hervor, nicht die silbernen Schnallen der Kardinäle. Er merkte, daß ich sie sah, und sagte, daß es ihm nicht leichtfalle, die Gewohnheiten eines Bergpfarrers zu ändern. So begann er von seinen Tälern zu erzählen, von den Bergpfarreien, ‚wo die Leute so arm sind und immer Polenta essen'. Er sagte, daß ‚wir alle den Armen nahestehen müssen'. Dann kam die Rede auf sein Belluno, und er entdeckte, daß mich eine alte, lange Freundschaft mit Dino Buzzati verband, auch er aus Belluno. Er liebe dessen Erzählungen – sagte er – voller Wälder, mit den Eichhörnchen, die mit den Vögeln reden ‚wie in den Fioretti des heiligen Franz'. Er liebe diese Geschichten eines Schriftstellers, fügte er hinzu, ‚der niemals den Tod vergißt'. Hier stockte er, kaum daß er das ausgesprochen hatte, und sagte: ‚Ich hätte heute morgen zu Ihnen davon nicht reden sollen. Ich weiß, daß der Tod Ihnen vor kurzem die Mutter weggenommen hat. Aber trösten Sie sich, lassen Sie sich trösten, lassen Sie den Schmerz los. Der Tod gehört zum Leben, ist ein Zeichen, daß wir leben, um zum Herrn zurückzukehren. Denken Sie einfach, daß Ihre Mutter im Himmel ist ...' So ist mir der künftige Papst in Erinnerung geblieben, der in Venedig wie auf den Fresken Giottos lebte: den anderen die Religion wie eine volkstümliche Geschichte darreichend, vom Tod mit soviel Zärtlichkeit sprechend. Und so scheint mir auch, daß sein Tod ihm gleicht. Ein Tod, der ihn wenige Tage nach Beginn seines Pontifikats im Schlaf überrascht, ein Tod, der so befrachtet ist von Geheimnis, Staunen, Sinnbildlichkeit – in einer Welt, die den Sinn für das Unmögliche verloren hat."

In allen Kirchen der katholischen Welt wurde für Johannes Paul I. der Trauergottesdienst gefeiert, wurde sein Leben und Sterben mit den Augen des Glaubens zu sehen versucht, wurde für ihn gebetet. Auch in Krakau. Beim feierlichen Requiem in der Marienkirche am 1. Oktober 1978 hielt Kardinal Karol Wojtyla, der vierzehn Tage später als Johannes Paul II. sein unmittelbarer Nachfolger werden sollte, diese Predigt:

„Wir feiern die heilige Messe für den verstorbenen Papst Johannes Paul I. In der Mitte der ehrwürdigen Marienkirche haben wir die Osterkerze angezündet, die Kerze der Auferstehung. Diese Kerze spricht zu uns von Christus, der, einmal von den Toten auferstanden, nicht mehr stirbt. Der Mensch jedoch stirbt.

Zum zweiten Mal stirbt im Laufe dieses Jahres ein Papst. Als Anfang August Paul VI. starb, hatten wir vor Augen einen Pontifikat von fünfzehn Jahren, einen, menschlich gesprochen, erfüllten Pontifikat. Erfüllt bis zur letzten Stunde, bis zum letzten Atemzug. Sein Nachfolger, Johannes Paul I., hat den Stuhl Petri nach nur dreiunddreißig Tagen des pastoralen Dienstes verlassen.

Jetzt sind wir hier versammelt, um seines Heimgangs zu gedenken, und können uns fragen: Ist auch dieser Pontifikat ein erfüllter gewesen? Ich habe noch jenen 26. August vor Augen, als gegen 18 Uhr deutlich wurde, daß die Kardinäle im Konklave ihre Stimmen für den Kardinal Albino Luciani gegeben hatten. Ich habe noch sein Gesicht vor Augen, als er sich erhob und auf den Kardinal-Camerlengo zuging. Auf die vorgeschriebene Frage ‚Nimmst du an?', antwortete er: ‚Ich nehme an.' Und bald darauf der Name: Johannes Paul. Und dann die unermeßliche Freude. Die Freude des Kardinalskollegiums, voller Staunen, daß der Heilige Geist in so kurzer Zeit anzeigte, wen Christus zum Nachfolger des heiligen Petrus erwählt habe. Die Freude Roms an jenem selben Abend: Habemus Papam! Am Tage darauf, mittags, die Freude der Römer, der Pilger und Neuangekommenen: eine spontane, unbeschreibliche Freude. Und die Freude von Johannes Paul selbst, der ein fröhlicher Mensch war, der leicht lachte, der sich den Menschen leicht öffnete, der einfach und demütig war und der dadurch alle gewann. Wir haben gespürt, daß er auf die gleiche Art das Herz seines Herrn gewann, als dieser ihn erwählt, gerufen und berufen hatte. Wir haben seine ersten Worte gehört, die erste Botschaft, die er vor dem Kardinalskollegium an die ganze Kirche richtete, und waren voller Freude über das, was er sagte: wie er das Wesentliche der Kirche, die Wesensbedürfnisse der Menschheit von heute aufgriff und wie er bei diesem ersten Mal sich als Mensch und als Programm darstellte.

Hierüber haben wir uns gefreut und auch die anderen, die ihm begegneten: die Vertreter der Regierungen; die Welt der Presse, die das besondere Privileg einer der ersten Papstaudienzen hatte, weil die Welt der Presse gerade in jener Zeit viel zu arbeiten hatte. Wir haben uns über seine Heiligkeit, über seine Ursprünglichkeit gefreut. Zeichen dieser Originalität erschienen bereits in seinen früheren Veröffentlichungen: in den aufschlußreichen Briefen an Menschen der Vergangenheit, die wirklich gelebt haben, und an Gestalten der Literatur. Er hatte mit ihnen gesprochen. Es gehörte zu seiner pastoralen Methode, die er entwikkelt und auf den Stuhl Petri mitgenommen hatte. In der gleichen Art hielt er seine ersten Begegnungen mit den Pilgern, die mittwochs zusammenkamen, um den Papst zu sehen, um den Papst zu hören.

Heute stehen wir vor dieser Osterkerze. Heute schauen wir Christus, der ihn erwählte, in die Augen und fragen uns: Warum hat er ihn nach so kurzer Zeit zurückgerufen, nach einem so kurzen Pontifikat, einem der kürzesten in der Geschichte des Heiligen Stuhles?

So viel erhofften wir von ihm, so viel erwarteten wir uns. Ja, er schien diesen Erwartungen zu entsprechen mit seiner ganzen Persönlichkeit als Mensch, als Priester, als Bischof, als Papst. So schnell ist er jener geworden, der er aufgrund seiner Berufung werden sollte. Mit Staunen sah ich das an jenem Abend in der Sixtinischen Kapelle, das alles bestätigte die Richtigkeit der Wahl.

Deswegen stellen wir uns jetzt diese Frage. Die ganze Welt, die ganze Kirche fragt sich: Warum? Fragen, die jenen ganz ähnlich sind, welche wir jedes Mal stellen, wenn ein Mensch unerwartet stirbt, verfrüht – nach dem Urteil der Menschen. Der Papst, der nur für dreiunddreißig Tage Oberhirt auf dem Römischen Stuhl war, war wie ein erst seit dreiunddreißig Tagen geborenes Kind. Er war an jenem 26. August als Papst geboren worden. Und jetzt fragen wir uns: Warum? Warum hat jenes menschliche Herz in jener

Nacht vom 28. zum 29. September nicht standgehalten?

Wir bleiben mit dieser Frage zurück. Wir wissen nicht, warum ein Mensch gestorben ist, der im Vollbesitz seiner Kräfte zu sein schien. Wir wissen nicht, was dieser Tod für den Stuhl Petri bedeutet. Wir wissen nicht, was Christus hierdurch der Kirche und der Welt sagen will.

Wir wissen, daß er in jener Nacht ging, in der sich die Liturgie der Kirche auf das Fest der heiligen Erzengel, des heiligen Erzengels Michael vorbereitet. ‚Michael' heißt hebräisch: ‚Wer wie Gott?' Vielleicht ist er gegangen, um durch sein menschliches Sein eben das zum Ausdruck zu bringen, was sich im Sein des Erzengelfürsten ‚Michael' ausdrückt. Er ist gegangen und sagt zur ganzen Menschheit: ‚Wer wie Gott?'

Wir, die wir hier versammelt sind, wünschen, daß ihn jenes ewige Licht umfange, welches das Licht des größten Wunders, der erfülltesten Ekstase ist: ‚was kein Auge je gesehen, was kein Ohr je gehört hat', das Licht, das über alles hinausgeht, was zu unserer menschlichen Erfahrung, zu unserer Erkenntnis, Wissenschaft und Weisheit gehört. Der Glaube ist es, der auf dieses Licht vorbereitet; aber im Vergleich dazu ist der Glaube noch Nacht.

Bitten wir Christus für diesen Papst, der uns vom ersten Augenblick an so nah, so lieb gewesen ist und der uns durch seinen unbegreiflichen Tod noch näher, noch lieber geworden ist. Bitten wir Christus, daß dieses Licht ihn umhülle, daß er in diesem Licht zu wiederholen vermag ‚Wer wie Gott?' in jener Sprache, die wir hier auf Erden nicht kennen und die auch er hier auf Erden nicht kennen konnte. Und glauben wir, daß dieses Licht über alles hinausgeht, was von Menschen gemacht werden kann. Glauben wir, daß es über alles Maß eines jeden Pontifikats, und sei er noch so glänzend, hinausgeht.

Ist der Pontifikat Johannes Pauls I. unvollendet geblieben? Menschlich gesehen, scheint es, daß er am Anfang geblieben sei, daß er eine Ankündigung voller Verheißungen gewesen sei. Man hat nur das Flüstern dieser Ankündigung vernommen. Die Staatsmänner, die Regierungschefs sagen, daß beim Heiligen Stuhl ein neuer Stil begonnen habe. Ein Stil, der von großer Hochachtung für den Menschen erfüllt ist, ein Stil, den er von seinen Vorgängern Johannes und Paul geerbt, dem er aber von den ersten Anfängen an seinen besonderen Stempel aufgeprägt hat. Aber er hat nur begonnen... Warten wir ab, welches die Fortsetzung dieses Anfangs sein wird.

Ist der Pontifikat Johannes Pauls I. unvollendet geblieben? Stellen wir die Frage in anderen Worten: Kann das Leben von einem jeglichen Menschen, wer er auf Erden auch sei, vollendet werden in der Zeitspanne, die zwischen der Stunde seiner Geburt und der seines Todes liegt? Der Glaube, für den diese Osterkerze Zeugnis gibt, sagt uns, daß sich das Leben der Menschen nur in Gott vollendet. Deshalb redet diese Kerze zu uns vom Übergang, vom Übergang aus der Nichtfülle zur Fülle.

Im Blick auf das Licht dieser Osterkerze bitten wir Christus, daß unser geliebter Papst Johannes Paul mehr denn je vorbereitet sei im Augenblick dieses Übergangs zur Fülle, die ihn im Herrn erwartet und die Gott bereitet. Beten wir, daß Christus ihn aufnehmen und dem Vater als reife Gabe anbieten kann: Hier ist Johannes Paul, hier ist der Nachfolger Petri, den ich dir im österlichen Geheimnis bringe als reife Gabe.

Nachdem wir nun alle unsere Gedanken und Erwägungen über den toten Papst mit all unserem menschlichen unbeholfenen Unvermögen hervorgebracht haben, kommt uns noch etwas in den Sinn, was wir Polen nicht vergessen können: daß er Papst wurde, zum Papst geboren wurde am Tag der Muttergottes von Jasna Gora. Auch deswegen blüht unsere Hoffnung bei seinem Tod weiter. Wenn Christus wollte, daß er für so kurze Zeit Hirt seiner Kirche war, bleibt uns nur, diesen unerforschlichen Willen der Vorsehung anzunehmen. Die Zeit, vielleicht die Geschichte werden auf unsere Fragen Antwort geben. Aber sie werden sie nicht erschöpfend beantworten. Auch wir müssen auf die Begegnung mit dem warten, auf den wir alle zustreben, aus dem wir alle leben.

Im Gedenken daran, daß Johannes Paul I. am Fest der Muttergottes von Jasna Gora zum Papst gewählt wurde, vertrauen wir ihr ganz besonders diesen seinen kurzen Pontifikat und diesen seinen unerwarteten Tod und diese seine uns liebgewordene Person an: O gütige, o milde, o süße Jungfrau Maria, nimm auf Johannes Paul, den Papst. Amen."

Verzeichnis ausgewählter Namen und Stichworte